国家社科基金项目"全球生产网络中本土制造企业升级
演化机制及战略研究"（12BGL006）资助出版

全球生产网络中本土制造企业升级机制及战略研究

唐春晖 ◆著

Upgrading Mechanism
and Strategy of Local
Manufacturers in
Global Production Networks

中国财经出版传媒集团
经济科学出版社
Economic Science Press

图书在版编目（CIP）数据

全球生产网络中本土制造企业升级机制及战略研究／
唐春晖著．—北京：经济科学出版社，2016.12
ISBN 978 - 7 - 5141 - 7632 - 2

Ⅰ.①全…　Ⅱ.①唐…　Ⅲ.①制造工业 - 工业企业 -
企业升级 - 研究　Ⅳ.①F416.4

中国版本图书馆 CIP 数据核字（2016）第 321801 号

责任编辑：凌　敏　张　萌
责任校对：郑淑艳
责任印制：李　鹏

全球生产网络中本土制造企业升级
机制及战略研究

唐春晖　著

经济科学出版社出版、发行　新华书店经销
社址：北京市海淀区阜成路甲 28 号　邮编：100142
教材分社电话：010 - 88191343　发行部电话：010 - 88191522
网址：www. esp. com. cn
电子邮箱：lingmin@ esp. com
天猫网店：经济科学出版社旗舰店
网址：http://jjkxcbs. tmall. com
北京密兴印刷有限公司印装
710 × 1000　16 开　13 印张　220000 字
2016 年 12 月第 1 版　2016 年 12 月第 1 次印刷
ISBN 978 - 7 - 5141 - 7632 - 2　定价：38. 00 元
（图书出现印装问题，本社负责调换。电话：010 - 88191510）
（版权所有　侵权必究　举报电话：010 - 88191586
电子邮箱：dbts@ esp. com. cn）

前　言

　　虽然中国是世界上最主要的制造基地，但是中国制造业在全球价值链中仍大多扮演"制造、加工与组装"的角色，产品的技术知识含量和附加价值增值未得到与出口贸易量同等程度地迅速提升。造成这一局面的根本原因是中国本土企业忽视企业升级和国际竞争力提升机制的构建，长期处于国际垂直分工体系末端的产业价值链低端化状况令中国制造业发展陷入困境，在某些国家中"中国制造"已成为"廉价产品"的代名词。对于本土企业来说，如何避免沦为跨国公司"世界工厂"的境地是当前面临的首要问题，解决这一问题的根本在于提升自身在国际分工中的价值获取势力，增强企业创新能力并扩展价值创造空间，实现在全球价值链上的升级。

　　改革开放三十几年来，中国通过承接世界制造业的组装加工，逐渐形成了从沿海地区不断向内地延伸的众多加工区和产业集群区。尤其是随着全球制造业的快速分解，不仅仅传统制造产业，甚至高技术产业中的加工环节也纷纷向中国转移，尤其是在通信设备、计算机及电子设备制造产业，中国在出口总额上已经具有越来越强的竞争力。就这一现象国内外学者的认识并不一致：一种观点认为中国加工制造业的国际竞争力已经得到显著增强，中国正经历从较低技术层次的加工制造业向较高技术层次的加工制造业升级的过程；另一种观点则认为巨大的高技术产品产量和出口量仍难以充分说明中国制造业的强国地位，中国制造业的国际竞争力仍需要从多方面综合考察。

　　通过对电子及通信设备制造业对其国际竞争力进行深度分析，发现中国企业不仅在制成品组装方面具备较强的国际竞争力，在零部件方面也已经从净进口转变为净出口国，并未发生高度依赖中间商进口的状况。最初外商投资企业为充分利用中国劳动力资源的成本优势，在中国设立组装工厂从国外进口零部件进行组装，使中国本土企业在制成品组装方面具备了较强的国际竞争力。但幸运的是中国本土企业并没有因此沦为国际分工链中的受害者，产业内技术溢出和技术学习，使越来越多的企业涉足技术含量较高的零部件产品的生产，极大改善了过去高度依赖中间商进口的状况，产业的整体竞争优势得到了增强。因此中国电子通信设备制造业的良性发展可归功于全球生产网络背景下新的产品内国际分工模式。

尽管参与全球生产网络对提升中国制造产业的产品出口竞争力具有重要意义，但是产品出口竞争力的增强并不意味着产业技术水平的提升。中国制造业参与产品内国际分工对本土企业技术进步影响的实证研究结果表明：产品内国际分工对以全要素生产率衡量的本土企业技术进步的提高具有显著的促进作用，就具体途径而言，中间产品进口较 FDI 产生的正向效应更显著；企业研发支出和研发人员对本土企业技术创新产出具有显著的促进作用；然而，进口贸易、出口贸易和 FDI 对以新产品销售收入占比来衡量的技术创新产出的影响并不十分显著。

从中国制造业现状和本土企业实际出发，寻求全球生产网络背景下我国本土制造企业升级的网络管理策略和升级学习战略，对企业成功实现转型升级具有重要的理论和现实意义。本土制造企业升级的实质是企业能力的提升，资源层级模型将资源分解为基础性资源、企业能力和战略性资产，企业内部资源的积累遵循基础性资源→能力（升级）→战略性资产的过程，这一新型的资源分层分类方法更清晰地体现资源各要素之间的关系以及资源与能力相互转化的升级路径和过程。作为企业升级的重要影响要素，内部资源与网络联结分别位于企业的内部、外部环境中，在整个升级系统当中构成两个重要的子系统，内部资源的积累会影响企业外部网络关系的嵌入选择，而网络嵌入行为反过来帮助企业从外部获取资源。由此可见，全球生产网络下本土企业的升级不是一蹴而就的，而是一个协同演化的过程。网络联系与内部资源两个子系统在相互作用中彼此影响产生增力，其耦合协同程度的越高，越能够促进企业升级的实现。在不同的阶段企业应选择适合的网络嵌入战略和升级学习战略，在资源、网络与升级目标之间形成协同耦合效应。

本书从中国企业实际出发，将资源基础理论、网络理论、全球价值链升级理论和演化理论作为研究的理论源泉，全面分析了中国本土制造企业国际竞争力现状、全球生产网络对本土企业技术进步的影响以及本土企业升级的作用机制等问题，融合形成一个全面的企业升级理论框架。其学术价值主要体现在：第一，将社会网络理论引入到企业管理领域用以研究和解释网络对企业升级的影响，系统深入地探索全球生产网络下本土企业升级作用机制，推动企业升级理论的丰富和完善；第二，建立企业升级战略的动态分析框架，探讨了企业主动性的网络嵌入、网络管理和升级学习战略，本书的结论及政策建议对解决"全球生产网络两难"的现实难题、促进本土企业成功实现转型升级，具有重要的实践应用价值。

唐春晖

2016 年 11 月

目　录

第一章 导　　论

第一节　问题提出

经济全球化背景下，市场一体化与生产分散化的统一使生产环节得以跨国界分布，原来基于产品层面的分工模式逐渐向基于工序层面的分工模式转化，单个产品的生产过程被拆分为不同阶段和环节分配给位于不同国家和地区的企业，并通过垂直贸易链进行连接，这个现象就是产品内国际分工。这一新型国际分工形式为发展中国家制造业融入全球化提供了一个新的切入点，作为产品内国际分工体系的后来者，中国制造业将发展加工贸易和吸引外商直接投资作为突破口，以参与局部加工区段方式融入全球制造网络并获得了快速发展。

20 世纪 80 年代，中国出口导向型的发展战略，利用具有绝对优势的劳动力资源将加工贸易作为突破口，在减免出口关税、出口退税、出口补贴、出口保险、为出口企业提供低利率贷款以及设立出口加工区等一系列政策扶助下，大幅降低了中国加工制造业的出口难度和生产成本，增强了产品出口竞争力。这一战略大大提高了中国经济的开放程度，加工贸易总量从 2002 年的 3022 亿美元增加到 2011 年的 13052 亿美元，增加 3.3 倍，年均增幅达 17.7%[①]，加工贸易已成为中国参与新型国际分工的重要途径。除此之外，改革开放以来，"以市场换技术"促使中国采取各种优惠政策吸引外商直接投资，这大大弥补了国内资金不足，提高了国内技术水平和管理水平。以跨国公司为代表的外商投资企业在中国的生产和贸易活动为国内本土企业融入全球制造网络提供了机会，本土企业通过承接外包、生产合作等方式参与产品内国际分工，通过嵌入到跨国公司为主导的全球生产和销售网络迅速融入新型国际分工体系中。

---

① 参见：商务部《十六大以来商务成就综述之二：加工贸易转型升级取得明显成效报告》。

经过30年的持续快速增长，中国经济超越日本成为世界第二大经济体，如此显著的经济成长很大程度上是由于制造业的发展。中国制造业凭借良好的工业基础、低廉的劳动力成本和规模生产的优势，逐渐以"代工"或"贴牌"的形式融入了跨国公司主导的全球分工体系，获得了快速发展。2010年中国制造业产出占全球总产出的19.8%（超过美国的19.4%），成为全球最大的制造国；在制造业出口方面，中国制造业出口占全球总量的13%，仅次于欧洲制造业排名第二，成为全球领导者①。2011年，中国电气机械及器材制造业出口的国际市场占有率为18.49%，位于全球第2位；电子及通信设备制造业的国际市场占有率达到24.31%，家电、皮革、家具、羽绒制品、陶瓷、自行车等产品占国际市场份额达到50%以上。

虽然从产出和出口总量看中国是全球最大的制造业生产国，是许多产品最主要的世界制造基地，但是出口产品的技术知识含量和产品附加价值增值并未得到与出口贸易量同等程度地迅速提升，相反还有些指标还在恶化②。具体表现为：中国制造业在全球价值链中仅仅扮演着"制造、加工与组装"的角色，处于微笑曲线中间的低附加值环节，在专利技术和上游资源的购买方面严重依赖于欧洲、日本、美国等发达国家，在物流、营销及销售渠道方面的能力也较发达国家弱。造成这一局面的根本原因是由于本土制造业长期忽视企业升级和国际竞争力提升机制的构建，形成对出口导向型代工模式的严重路径依赖，由此导致在全球金融危机产生的经济衰退和资源要素成本上升的大背景下，长期处于国际垂直分工体系的末端的产业价值链低端化使中国本土制造业的发展陷入困境，在某些国家"中国制造"已成为"廉价产品"的代名词。

由此可见，全球化生产网络是把"双刃剑"，它在给中国制造业带来快速发展机遇的同时，也对本土制造业的自主成长形成巨大挑战。如何避免被沦为跨国公司"世界工厂"的境地是中国本土企业面临的首要问题，解决这一问题的根本在于提升本土制造企业在国际分工中的价值获取势力，增强企业创新能力并扩展企业价值创造空间，实现企业在全球价值链上的升级。本研究从全球生产网络背景出发，以全球价值链的视角对发展中国家本土制造企业升级问

---

① 参见：德勤有限公司中国研究与透视中心发布的《2011中国制造业竞争力研究》。

② 20世纪80年代，中国增加值率在0.44~0.48，而2000年增加值率只有0.36，较美国、俄罗斯、日本0.55上下，德国、英国、澳大利亚0.47~0.5均有较大差距。参见：沈利生，王恒.增加值率下降意味着什么 [J].经济研究，2006（3）.

题进行研究，并尝试构建全球生产网络下的本土企业的升级机制，探讨提升企业全球价值链地位的升级对策。

第二节 理论背景

本研究涉及的主要理论包括产品内国际分工、全球生产网络和全球价值链升级理论。

一、产品内国际分工

（一）概念界定

随着贸易自由化和经济全球化的日益深入，传统的行业间和行业内以产品为基本对象的国际分工形态发生了巨大变化，以工序、区段和环节为对象的新型国际分工体系，开始得到越来越广泛的关注。具体表现为：在特定产品的生产过程中所包含的不同工序或者区段，通过空间分散化被拆散到不同区或不同国家进行生产，越来越多的国家或地区参与到同一产品的生产链条或体系中来，成为该产品某一工序或区段的生产商或供应商。这种新型国际分工现象在服装玩具、汽车、计算机和家用电器等制造行业得到了普遍应用和发展，产品生产链和产品价值体系不再集中于单个国家或经济体，呈现出跨国跨地区的分散状态，极大地拓展了国际分工的潜力、范围和深度。最早这种现象被美国经济学家巴拉萨（Balassa，1967）称为垂直专业化（Vertical Specialization），指将原料作为起点和最终消费者作为终点的整个产品生产过程分解成多个连续工序或环节，由分布在不同国家的上游企业向下游企业提供中间产品进而实现上下游国家中企业的纵向联系。

赫梅尔等（Hummels et al.，2001）对垂直专业化概念进行更加深入的讨论，补充了它需要满足的三个条件：首先，从原材料到最终产品的生产过程要包含两个或两个以上连续的生产环节；其次，至少两个或两个以上的国家参与了特定产品不同工序或区段的生产过程并为产品提供了价值增值；最后，至少一个国家利用从他国进口的中间产品进行生产，并将产出的部分产品用于出口。因此，垂直专业化与将特定产品的不同工序或区段在一国内部的不同区域分散化不同，它强调在产品供应链上至少有一个国家利用进口中间品进行生产，并将生产出的部分产品用于再出口，垂直专业化一般过程如图 1-1 所示。

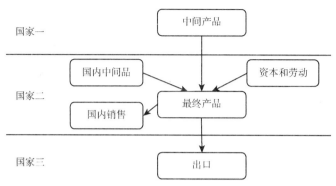

图1－1　垂直专业化过程

资料来源：David Hummels, Jun Ishii, Kei-Mu Yi. The Nature and Growth of vertical specialization in world trade [J]. Journal of International Economics, 2001, 54 (1): 75 – 96.

不同学者对垂直专业化分工现象给出了不同的表述，理解和解释也略有差异。例如布哈瓦提和德赫加（Bhagwati & Dehejia，1994）使用了"万花筒的比较优势"来阐述不同的国家在国际分工贸易中的比较优势。克鲁格曼（Krugman，1996）用"价值链切片"（Slicing the Value Chain）来强调产品生产过程分别在不同国家和地区完成，并在每一个生产阶段实现价值增值的过程。里默（Leamer，1996）用"非地方化"（Delocalization）来表述全球化背景下在不同国家分配工序区段所产生的生产地点的分离和产品装配的分散化生产现象。费斯卓（Feenstra，1998）使用"全球经济生产非一体化"（Disintegration of Production in the Global Economy）来描述垂直专业化分工现象，并认为这是"全球经济一体化"下最显著的特征及信息革命推动了这一进程。格雷飞（Gereffi et al.，2001）从"商品链"（Commodity Chain）和"全球价值链"（Global Value Chain，GVC）角度讨论了垂直专业化分工问题及特点。此外，其他学者如汉森（Hanson，1999）提出的"外包"（Outsourcing）、迪尔道夫（Deardorff，2001）提出的"碎片化生产"（Fragmentation）均可以理解为是对垂直专业化现象的描述。国内学者卢锋（2004）的《产品内分工：一个分析框架》观察了垂直专业化分工的产生背景及发展原因，建立了以产品内分工（Intra-product Specialization）概念为中心的分析框架。

由此可见，包括垂直专业化、价值链切片、外包、全球经济生产非一体化、碎片化生产、产品内分工等在内的概念都在讨论在工序或区段层面的问题，依据比较优势对经济活动在全球范围内进行重新布置和重新组织，将特定产品生产中所包含的不同工序和区段，在空间上分散化地分配到不同的国家或经济体进行，形成以区段、工序等为基本对象的新型分工体系。尽管概念表述不同，但理论界对这一现象内涵和实质的识别并不存在大的分歧，均认为其实质是一种新型的国际贸易和生产方式，即通过在特定产品生产过程中的不同工序、区段和环节之间建立国际联系，形成全球分工中更为细致和深化的一种分工形态。

为了论述的严谨和统一，更好地突出垂直专业化生产区段的国际分工这一本质特征，本研究赞同并结合巴拉萨（1967）、赫梅尔等（2001）和卢锋（2004）等的观点和定义，采用"产品内国际分工"这一概念来阐述这一新型国际分工形式。

（二）产品内国际分工的动因

关于产品内国际分工动因的研究，主要集中在两个方面：一个是应用古典经济学比较优势基础上的传统贸易理论对国际分工和贸易现象加以分析，另一个是应用建立在不完全竞争与规模经济基础上的新贸易理论来分析产品内分工的发生动因和基础。

基于比较优势基础的传统贸易理论，主要关注要素禀赋结构和相对价格的高低导致投入的中间品成本的差异。在要素禀赋的研究框架下，迪克西特和格罗斯曼（Dixit & Grossman，1982）建立一个理论模型，研究生产过程被分割成不同工序或区段的情况下，生产系统如何基于比较优势在不同国家进行分配。迪尔道夫（2001）以一个大国和小国同时将生产过程分为不同阶段为例，分别运用李嘉图模型和 H-O 模型进行分析，指出在不考虑技术的情况下，中间品贸易和价格对大国和小国参与产品内分工模式产生至关重要的因素。芬德利和琼斯（Findlay & Jones，2001）将中间品贸易加入李嘉图模型形成一个扩展模型，更为深入地分析了产品内国际分工的动因。

新贸易理论对产品内国际分工动因的研究建立在规模经济理论基础上。胡昭玲（2006）指出，特定产品生产过程中不同工序或区段对应的最佳规模或有效规模可能不同，规模经济理论的核心在于当该产品的生产过程没有进行分割时，单个企业只能按照其中某一关键生产阶段或工序对应的有效规模来作为整个生产系统的设计规模，其结果必然导致其他有效规模较大的生产环节无法实现规模经济效益。产品内国际分工很好地解决了这一问题，它将对应不同有效规模的生产区段或工序分离出来，安排到不同的国家或空间场合进行生产，从而提升资源配置利用效率，获得规模经济效益。

与古典贸易理论和新贸易理论将比较优势和规模经济分割开来解释产品内国际分工的动因不同，伊什和毅（Ishii & Yi, 1997）、卢锋（2004）等将两者结合起来。他们认为，导致产品内国际分工的动因中既有要素投入比例差异的影响，又有规模经济差异的影响，通常情况是首先特定区段或环节中投入品的比例（比较优势）决定了分工的国别结构，然后区段或环节间的规模经济因素又进一步强化了这一分工结构。

（三）产品内国际分工的经济效应

随着产品内分工在全球范围内覆盖的范围越来越广泛，在越来越多的行业和部门中得到创新性的借鉴和应用，国内外学者开始越来越重视它所带来的巨大经济效应。目前相关的研究主要包括对一国总体经济发展的影响、对就业及收入的影响、对产业竞争力和技术进步的影响等。

在赫梅尔（2001）应用投入—产出表和相关进口统计数据对产品内分工程度进行度量的基础上，国外学者就产品内分工对参加国总体国民福利与国内收入分配、国际技术扩散以及世界贸易增长的影响进行了研究（Feenstra & Hanson, 1999；Jabbour, 2004；等等）。赫梅尔（2001）等的研究证实过去二三十年来产品内国际分工发展与国际贸易增长具有显著的正相关关系。此外，关于产品内分工对一国总体经济和福利的影响，学者们并未产生较大的分歧，普遍认为这一新型的分工形式有助于提高一国资源配置效率及节约成本，有利于促进总体福利的提高。

产品内国际分工促使发达国家将越来越多的非熟练劳动力密集型产业转移至低收入国家，进而降低本国对于非熟练劳动力的需求、提高本国对于熟练劳动力的需求，因此促进熟练劳动力工资上涨、非熟练劳动力工资下降，进一步扩大了工资差距。学者们试图通过构建理论模型来分析产品内国际分工对收入分配的一般性结论，但并未得到一致性的结果。其中阿德特（Arndt, 1997）认为，发达国家可以通过向劳动密集型发展中国家外包来增加本国就业及工资水平。但其他学者的研究却发现在针对美国的实证研究中国际外包对熟练劳动力工资的影响较大，在针对英国的实证研究中影响则相对较小（Feenstra & Hanson, 1999；Haskel & Slaughter, 2001）。因此，琼斯和基尔考斯基（Jones & Kierzkowski, 2001）指出产品内国际分工对劳动力收入的影响还受到一国的要素禀赋、产出模式等其他因素的影响。

北京大学中国经济研究中心课题组（2005）对近年来中国参与产品内国际分工的问题进行了实证分析，认为中国从这一新型分工形式中获得了较大的经济利益。在产品内分工的经济效应这一问题上，国内学者侧重于对我国产业竞争力提升和技术进步的影响研究，并认为长期看来产品内分工有利于全员劳动生产率的提升和产业技术水平的提高，有利于我国产业国际竞争力的提升（张小蒂和孙景蔚，2006；胡昭玲，2008；文东伟和冼国明，2009；等等）。张小蒂和孙景蔚（2006）在计算产品内国际分工指数及中国近15年来产业国际竞争力基础上，通过实证分析发现，产品内国际分工有利于劳动生产率和产业技术水平的提高，进而对产业国际竞争力的增强产生了显著的正向影响。宗毅君（2008）通过面板数据对中国工业行业进行了实证分析，结果表明进出口贸易的增加和贸易顺差的增长与产品内分工的发展密切相关。

从已有的研究看，目前产品内国际分工理论普遍认为产品内国际分工对发展中国家产业技术进步和国际竞争力提升具有积极影响。就产品内国际分工对发展中国家经济效应的产生原因，迪尔道夫（1998）等认为产品内国际分工通过将特定产品特定工序安排到适合的国家或空间场合生产，充分地发挥各国各地区的比较优势，提升资源配置利用效率、实现各生产环节的规模经济效益，有利于促进生产成本的节约和生产效率的提高。科伊（Coe，1997）等从产品内国际分工导致中间产品贸易的角度对此进行分析，认为发展中国家"进口新的中间产品能够通过投入产出效应提升进口国的生产率"，而这个过程中后进企业可以通过模仿进口的中间产品逐步形成自身的研发与生产能力。贾伯（Jabbour，2004）等从产品内国际分工导致不同国家地区的企业围绕一个产品形成一个生产体系的角度进行了分析，认为发达国家跨国公司和发展中国家本土企业之间，作为上下游企业为了保证产品质量及获得价格和数量上的竞争优势，会分享资源，因此发生技术转移和外溢。

二、全球价值链升级理论

（一）全球价值链

迈克尔·波特（Michael Porter，1985）最早将价值链与竞争优势来源联系起来，指出企业的价值创造过程主要由涉及产品的物质创造及销售、转移给买方和售后服务的基本活动以及辅助基本活动并提供外购投入、技术开发、人力资源等各种职能的支持性活动两部分组成。这些活动在企业价值创造过程中并非相互分离而是相互依存，由此构成企业价值创造的行为链条即价值链，它构成了竞争优势的基石。一家企业无法在为买方生产产品的整个价值活动中的每一个环节都具有竞争优势，同样国家和地区之间由于资源禀赋差异也无法在每一个价值环节都具有比较优势，随后价值链的概念从企业层面开始扩展到区域和国家层面被用于对国际战略优势的分析，这反映了经济全球化背景下价值链的垂直分离以及价值链上的各种活动在全球范围内重新配置和组合的新现象。基于对全球战略优势的分析，考格特（Kogut，1985）提出了价值增值链（Value Added Chain）这一概念。并指出国际商业战略实质上是国家比较优势和企业竞争能力相互作用的结果，国家比较优势决定价值链上各个环节如何在国家或地区之间进行有效配置，企业竞争能力决定企业如何按照自身竞争优势选择适合的价值链环节。

格雷飞等（1994）将价值链和价值增值链概念与产业组织理论联系起来对围绕某种商品的生产形成的跨国生产体系进行研究，并提出全球商品链（Global Commodity Chain），并于 2001 年进一步演变为全球价值链（Global Value Chain，GVC），形成全球价值链理论。该理论针对全球价值链的内部结构关系以及链条治理者（通常是发达国家的跨国企业）如何对链条进行统一组织、协调和控制商品链问题进行了集中深入的探讨。对全球价值链的研究发现，依照在商品链中占据价值链战略环节和核心地位的跨国公司类型的不同，全球价值链可分为采购者驱动型和生产者驱动型两种，其中采购驱动型是由大型零售商、经销商和品牌制造商建立和协调并起核心作用的垂直分工体系，生产者驱动型是由大的跨国制造商建立和调节并起核心作用的垂直分工体系。

从已有的研究文献来看，学者们普遍认可全球价值链应该满足以下三个特征：一是价值链是企业为提供产品或服务所进行的一系列相互分离且相互作用的生产活动的集合；二是价值链包括从生产到交货、消费和服务的整个过程，涉及技术开发、原材料采购和运输、半成品和成品的生产制造、市场营销、售后服务等价值创造的各个环节；三是价值链各个环节对资本、技术的要求不同，价值链活动基于比较优势原则跨越国界在全球范围内分布。

（二）全球生产网络

随着全球化进程的加快，越来越多的国家或地区根据自身的比较优势嵌入到全球价值链中，全球价值链理论与实践的发展为全球生产网络的发展与研究奠定了基础。迪肯和昂德森（Dicken & Henderson，2002）认为全球生产网络（Global Production Network，GPNs）应强调包含多方面的社会过程，包括产品生产和服务，知识、资本及劳动力的复制。斯特金（Sturgeon，2000）指出，生产网络是一群企业联系在一起形成各种相互关系，与地方性生产网络、国内生产网络、跨境生产网络和区域生产网络不同，全球生产网络是由两个以上贸易区域内的企业形成在空间规模上更大的经济单位和集成关系。与全球价值链主要从纵向维度研究同一产品内垂直分工形成的纵向价值链关系不同，全球生产网络的概念更加宽泛一些，不仅包括特定产品生产过程中负责不同工序或环节的企业之间的纵向联系，还包括产品同一工序或环节上企业间的横向价值链联系。恩斯特和金姆（Ernst & Kim，2002）也指出，全球生产网络涵盖的范围更加广泛，包括公司内和公司间的各种交易及协调形式，参与的主体除了领导厂商的独资和合资公司外，还包括参与产品或服务提供的各类承包商、经销商、服务供应商以及与企业建立战略联盟关系的合作伙伴。

　　国内学者对全球生产网络的定义也不尽相同。刘德学、付丹和卜国勤（2005）将全球生产网络定义为生产和提供最终产品和服务的一系列企业关系，并描述它更像是一个由相互联系的独立企业构成的蜘蛛网，参与其中的企业主体按其在网络中的地位不同分为领导厂商、高层级供应商和低层级供应商三种基本类型。徐康宁和陈健（2007）认为全球生产网络是跨国公司对分布在世界各地的生产资源进行整合并建立生产和制造基地，实行高度专业化分工并对生产基地进行协调形成一体化国际生产，以充分利用全球规模经济，最大限度追求全球资源整合效率。张纪（2008）认为全球生产网络是介于企业与市场之间的中间组织，是为共同生产某一特定产品将分布于世界各地位于不同的价值链环节和增值活动的企业联结起来的网络。网络内的行为主体分为领导厂商和加工供应商两类，领导厂商凭借品牌和技术等垄断资源处于核心位置与主导地位，高层级供应商凭借自身特殊的渠道或技术资源搭建了自己的子网络平台，影响与控制着低层级供应商，处于最低附属地位的低层级供应商，则无法与领导厂商进行直接接触。

　　综合已有的研究结果，目前被学术界普遍认可的全球生产网络的内涵应包括以下三个特征：第一，建立在产品内国际分工基础上，特定产品的生产区段、工序或环节在空间上分散化，网络内的企业在地理空间的分布上跨越国界；第二，跨国公司作为网络领导企业主导全球价值链的生产和利润分配，并对链条进行统一组织、协调和控制；第三，全球生产网络内的行为主体分为领导厂商、高层级供应商和低层级供应商，不同层级企业间的领导和合作关系构成全球生产网络的组织基础。

　　由此可见，全球生产网络是建立在产品内分工这一新型的国际分工形式的基础上的，产品内国际分工理论是全球生产网络的理论基础。在这一新国际分工形式下，特定产品的生产过程被拆分为不同的工序、区段或环节，在空间上分散到不同的国家和地区，进而形成跨国或跨区域的价值链条或生产体系，越来越多的国家和地区积极参与特定产品生产过程中不同环节或区段的生产或供应活动，促进了各国融入全球经济和全球生产网络的进程。

（三）全球价值链升级

　　在对全球价值链内涵理解的基础上，一些西方学者开始从多个角度对其进行了更为深入系统地讨论和研究，其中最为关键的几个问题全球价值链的治理、全球价值链发展演变以及全球价值链升级等问题，形成了全球价值链的基本理论框架。

　　格雷飞（1999）结合全球价值链的分析模式最早研究了企业升级这一问题，他认为发展中国家本土企业通过嵌入到由购买商驱动的价值链中，可以实现如下连续的快速升级路径：从进口零配件组装（OEA）到全部生产加工过程（OEM），再到自主产品设计（ODM），最终实现在地区或全球市场上销售自主品牌产品（OBM）。格雷飞乐观地认为这个过程具有"自动传导机制"，只要发展中国家企业嵌入到价值链中，升级就可以"自动"实现。

　　在对价值链治理分类的基础上，施密兹（Schmitz，2004）将全球价值链升级分为四种类型：一是工艺流程升级（Process Upgrading），通过引入先进的技术或对生产系统进行重新整合，使投入更高效率地转化为产出以提高竞争力；二是产品升级（Product Upgrading），通过引进新产品或改进已有产品，提高产品的附加值；三是功能升级（Fuctional Upgrading），对价值链各增值环节进行重新组合，增加附加值高的新功能或放弃附加值低的老功能，进而提高整体竞争优势；四是链升级（Inter-sectoral Upgrading），从一条价值链跨越到价值更高的另一条价值链，实现跨产业升级。大多数学者认可这种对全球价值链升级分类方式，实证研究表明，大多数企业的升级过程遵循了这种相似的阶梯发展路径，从工艺流程升级开始，逐步过渡到产品升级和功能升级，最终实现价值链的升级。

　　尽管在全球价值链升级分类方式上学者们的观点较为一致，并在此基础上对发展中国家本土企业的升级现状展开研究，但目前关于企业升级路径问题上仍存在一些分歧，其中一个讨论的焦点集中在本土企业是否可以通过加入全球价值链的方式自动实现升级。与"自动传导机制"的观点不同，基于对巴西鞋业集群的实证研究汉弗莱和施密兹（Humphrey & Schmitz，2000）认为，发展中国家企业在全球价值链中的升级过程并不像格雷飞描述得那样顺利，虽然这些企业通过嵌入全球价值链成功实现了工艺流程升级和产品升级，但更高层次的功能升级和链升级却难以实现。施密兹（2004）、格雷飞（2005）等在已有研究成果基础上进一步证实，发展中国家制造业通过"代工"的方式进口零部件进行组装（OEM）嵌入了全球生产体系，但最终是否能够成功实现产品设计、品牌建立及营销功能方面的升级还无明确的定论，并因此否认这种通过加入全球价值链的"自动"升级发生机制的存在。

事实上，后进企业的升级是一个在由领导企业主导的全球价值链中学习的过程，发展中国家企业能否通过参与全球价值链获得学习机会，增强自身从事高附加值、高技术含量的资本和技术密集型经济活动的能力，进入价值链高附加值环节是问题的焦点。为了说明价值链与企业升级之间的关系，一些学者对全球价值链治理问题进行了分析。全球价值链中的企业分散在世界各地，承担着特定产品生产过程中的某一工序或区段，如何设计适合的制度安排对价值链内部不同行为主体和经济活动之间进行组织协调，确保价值链的有效运转就是价值链的治理问题。汉弗莱和施密兹（2000）研究了全球价值链治理模式对集群企业升级的影响，认为在市场制、网络制、准层级制和层级制四种治理模式下，企业升级的机会和可能性不同，例如虽然在准层级制更强的权力关系下领导企业为后进企业提供了快速过程升级和产品升级的机会，但不平等关系同时也导致了后进企业丧失实现功能升级和价值链升级的决策权力。

施密兹（2004）对位于领导地位的领导企业（跨国公司）对价值链的控制程度进行深入的研究，在此基础上将全球价值链治理模式划分为市场导向型、均衡网络型、俘获网络型和层级型四种基本类型。格雷飞（2005）更进一步指出，全球价值链治理模式不是静态的，而是不断发展演变着，结合交易成本、生产网络和企业能力等理论对全球价值链的治理演化进行了研究，提出了影响治理模式演化的三个关键变量：交易复杂性、信息显性化程度和供应商能力。

国内学者针对全球价值链治理模式与中国企业升级之间的关系进行了研究。刘志彪和张杰（2007）指出当发展中国家企业嵌入的全球价值链处于俘获网络型治理模式时，其进行功能升级或链升级的行为会遭遇到国际大购买商或跨国公司的阻碍和控制，最终导致企业被迫"锁定"在全球价值链（GVC）

中的低端环节，因此培育基于国内市场空间的国内价值链（National-Value-Chain，NVC）并在NVC背景下实现均衡型网络的治理模式，是摆脱跨国大买家俘获、促进我国企业升级的根本路径。在此基础上，徐宁等（2014）进一步分析了由处于从属地位的GVC向需主动进行市场开发的NVC转换的动力、条件和影响因素，指出转换会受到国内市场规模、代工生产经验和固定投入对NVC运营的成本的影响以及企业所处国际和国内行业结构三大因素的制约。

其他国内学者的研究也是将全球价值链理论与中国企业升级实践相结合进行研究。黄永明等（2006）从全球价值链视角升级的角度对中国服装企业升级路径进行分析，提出基于技术能力、基于市场扩张能力以及技术和市场相结合三种升级路径。毛蕴诗和郑奇志（2012）在案例调研基础上，结合微笑曲线建立了企业升级路径的选择模型，并分析了主要的十种路径及其微笑曲线的变化。杨桂菊（2013）以比亚迪公司为例对本土企业从OEM到ODM的升级路径进行探索性研究，发现本土代工企业可以通过主动构建网络关系、模仿学习的同时进行自主创新，提升企业的国际竞争力和品牌影响力、实现转型升级。

全球价值链理论揭示了发展中国家特别是新兴工业化国家和发展中国家在新的全球分工体系中如何承接产业转移和产业升级，对于认识全球生产网络背景下发展中国家本土制造产业发展具有重要的理论意义。从目前的研究现状来看，关于发展中国家本土企业升级内涵的认识，理论界已经普遍倾向于"价值链思路"中的"提高国际分工中的价值获取"，使得对该问题的研究得以从更开放、更全面的视角研究，但是在价值链升级机理、升级模式选择、升级程度测度方法等方面的研究还相对不足，影响了其在实际中的应用价值。

三、小结

总体来说，尽管产品内分工理论和全球价值链升级理论在研究范式和分析角度各有侧重，但二者在理论上具有互补性，存在融合的可能性。从已有的研究看，目前全球生产网络和产品内分工理论的研究对象大多为发达国家，对发展中国家的研究主要集中在产品内分工对产业技术进步和国际竞争力提升的影响，在微观层面尤其是产品内分工如何促进发展中国家的产业国际竞争力提升和企业升级的作用机理、机制等方面的理论和实证研究较为缺乏，全球价值链升级理论则着重从微观层面分析了价值链的运行状况和治理效率及其对于企业升级的影响。因此理论上可以融合产品内国际分工和价值链升级理论的研究特点和技术优势，利用全球价值链理论中关于企业升级内涵的研究基础，同时将产品内分工理论和全球生产网络理论作为研究本土企业如何"提高国际分工中的价值获取"的一个平台和分析工具，深化关于企业价值链升级机理和升级模式选择的研究，提升理论的实际应用价值。

第三节　研究思路和研究方法

本书的理论与实际应用价值在于：第一，将社会网络理论引入到企业管理领域用以研究和解释网络对企业升级的影响，系统深入地探索全球生产网络下本土企业升级作用机制，推动企业升级理论的丰富和完善；第二，建立企业升级战略的动态分析框架，寻求全球制造网络背景下中国本土企业的升级战略及网络管理策略，对解决"全球生产网络两难"的现实难题、促进企业成功实现转型升级，具有重要的实践应用价值。具体研究思路与研究方法见图 1－2。

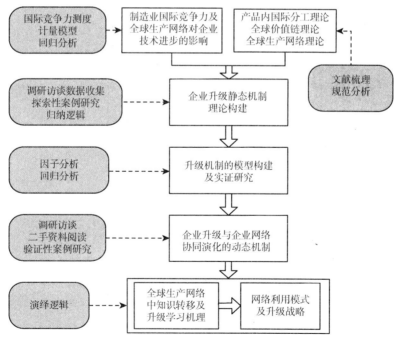

图 1－2　研究思路与研究方法

一、研究思路

本书沿着从产业层面到企业层面、从静态到动态、从理论构建到管理策略的思路展开。首先，运用中国制造行业面板数据分析全球生产网络对中国本土企业技术进步的影响效应，并采用"行业特征"的变量对基本模型进行检验，以考察不同的行业类型之间影响效应的差异性；其次，将资源基础观、企业网络、演化、全球价值链等理论结合起来构建全球生产网络对企业升级静态作用机制的理论框架和模型，在此基础上通过大样本的问卷调查，运用统计分析方法对理论模型进行实证检验；再次，探寻内部资源—企业网络—企业升级的协同演化关系，构建企业网络对企业升级的动态作用机制的理论假设，并选取典型企业运用调研访谈和案例研究法对该模型进行检验和完善；最后，在对全球生产网络中知识转移及本土企业技术进步进行理论研究基础上，运用演绎方法进一步探索我国本土企业在全球生产网络背景下企业升级学习机理、网络利用模式及战略选择。

二、研究方法

（一）探索性多案例研究

相对于单案例研究，多案例研究通过多个案例的反复检验来支持结论，这大大提高了研究的效度、增加了研究结果的普适性，更适用于理论构建研究。在具体的研究技术上，选择了扎根分析技术，基于扎根理论的操作程序对原始资料进行编码分析、范畴提取和归纳演绎，在不同案例间反复验证以寻找共性，通过质化研究数据来比较分析不同企业升级过程中的异同，最终形成本土企业升级机制的理论模型。

（二）计量分析方法

采用以多因素回归分析、因子分析等方法为主的计量分析方法。在构建理论模型后，对模型中"企业资源""网络联结"与"企业升级"的关键变量之间的关系进行定量验证，在大样本的问卷调查收集数据的基础上，使用统计学分析软件，采取信度分析、探索性因子分析、方差分析、多因素回归分析等方法对数据进行处理，对企业网络对升级的作用机制进行实证检验。

（三）纵向多案例研究

案例纵向研究方法通过针对代表性的多个典型案例进行分析可以更深入地了解案例企业的背景，保证案例研究的深度，从而揭示企业升级的动态演化机制。通过短期访问、企业二手资料阅读等手段获取企业较长时间有关企业网络与企业升级方面的资料和数据，从公司历史中寻找"全球生产网络背景下企业如何一步步实现转型升级"的答案，在这一过程中关注企业内部资源积累、企业网络联结的建立以及企业升级的实现，通过数据收集、数据分析和概念化之间的不断交叠，将各关键概念及其相互之间关系浮现出来，最终使理论达到一个满意的饱和程度，形成内部资源、网络与企业升级之间的协同演化关系的理论模型。

第四节　研究内容

本书的研究目标为：第一，将全球生产网络理论和全球价值链理论有机融合，以知识获取能力和价值提升能力为基点，剖析发展中国家本土制造企业升级的内在机理，尤其是内部资源、企业网络与升级的协同演化机制，为全球制造网络背景下本土企业升级构建理论依据；第二，发展中国家本土企业升级的模式、路径并非一成不变，企业应结合其所处内外部环境选择适合的模式和路径，在对本土企业升级进行理论与实证分析基础上，总结出能够反映本土企业升级规律并符合中国国情及行业和企业特征的网络管理策略及企业升级战略选择。

本书的研究内容及基本观点如下：

第一，全球生产网络对本土企业技术进步影响分析。该部分首先对全球生产网络背景下中国制造业国际竞争力进行测度，然后利用面板数据，从国际贸易和FDI两种的具体途径对全球生产网络对本土企业技术进步的影响效应展开分析，分别就产品内分工的全要素生产率影响效应和技术创新产出影响效应进行实证检验。主要观点包括：产品内国际分工对以全要素生产率衡量的本土企业技术进步具有积极的影响作用，在两种具体途径中，中间品进口对技术进步的正向效应大于FDI；研发支出和研发人员对本土企业技术创新产出的影响显著，但进口贸易、出口贸易和FDI的影响并不十分显著。

第二，全球生产网络下本土企业升级机制的理论构建。本部分选取典型中国本土制造企业，通过对企业升级的案例研究，由内而外地对全球生产网络背景下中国本土企业升级展开分析。首先从微观层面深入理解企业升级的本质内涵及内在机理，然后将内部资源与网络环境结合起来，探索企业升级本质内涵及内在机理，重点是企业资源与全球生产网络嵌入性之间的相互作用关系，构建本土企业升级机制的理论模型。主要观点：能力提升是企业升级的本质，资源层级模型更清晰地体现资源各要素之间的关系以及资源与能力相互转化的路径和过程，深刻揭示企业升级的本质及内在机理；企业内部资源与网络关系嵌入作为企业升级系统中的两个重要子系统，二者之间存在交互耦合关系，其耦合协同程度越高，越能够促进企业升级的实现。

第三，全球生产网络下企业升级机制的实证研究。本部分以 116 家与国外伙伴建立了网络联结的本土制造企业作为样本，应用资源基础理论和社会网络理论作为研究的理论源泉，针对企业资源、网络联结嵌入性与企业升级的作用机制进行了实证研究，该研究结果对于本土企业在全球背景下进行内部资源的积累和网络联结的构建具有一定的指导意义。主要观点：企业内部资源正向影响企业升级的假设得到了实证支持，在网络联结各维度对资源与企业升级关系的调节效应检验中，只有业务嵌入性网络联结在基础类资源与企业升级之间的调节作用得到实证支持。

第四，全球生产网络下本土企业升级演化机制。本部分将资源基础理论、网络理论、全球价值链升级理论和演化理论作为研究的理论源泉，并融合形成一个更为全面的企业升级的理论框架。重点探讨两个问题：一是企业在融入国际分工体系过程中企业内部资源、网络与企业升级的协同演化规律；二是随着时间的变化企业应如何建立适合的网络联结以保持持续升级，并在此基础上分析有利于企业升级的网络嵌入和学习战略。主要观点：本土企业升级不能一蹴而就，而是要分阶段进行，在不同的阶段选择了适合的网络联结，在资源、网络与升级目标之间形成协同效应是企业实现升级的关键。

第五，全球生产网络中的本土企业升级学习机理。本部分首先对全球生产网络中的知识转移机制的分析；其次对全球生产网络中本土企业，尤其是本土供应商企业的技术学习和技术能力提升进行分析；最后对跨国公司 FDI 作用下的本土企业升级学习机理进行分析。主要观点：进口中间产品、签订外包契约、与跨国公司建立产业关联等路径充分实现规模经济、比较优势和投入产出效应，为本土企业知识学习和升级提供了可能性，同时如企业制度、技术差距和战略意图等企业内部机制和需求、利润、竞争压力和政府政策等外部因素也会对知识转移和企业升级程度产生影响。

　　第六，本土企业网络利用模式及升级战略。本部分整合了社会网络观和资源基础观，提出了一个基于企业层面、关系层面和网络层面的多层次整合分析框架，对本土企业的网络利用模式、网络联系方式和网络位势积累进行分析，并在此基础上提出本土企业如何发挥"网络协同"作用促进升级的战略选择。主要观点：全球生产网络中本土企业升级需努力由"专用性"资源积累向"专有性"资源积累转变，由"单一性"网络关系嵌入性向"多样性"网络关系嵌入性转变，由"适应性"网络嵌入向"主动性"网络构建转变，基于企业内部资源禀赋选择适合的网络嵌入模式。

第二章　全球生产网络对本土企业技术进步的影响分析

第一节　全球生产网络中的中国制造业国际竞争力

改革开放三十几年来，在产品内国际分工的大背景下，中国通过嵌入全球价值链承接由跨国公司主导的世界制造业的组装加工环节，并凭借劳动力成本优势成为全球最大的产品加工地和组装地。近几年，随着全球高新技术产业的快速分解，不仅传统制造产业向中国转移，高技术产业中的加工环节也迅速向中国转移，尤其表现在通信设备、计算机及电子设备制造产业，中国在出口总额上已经具有越来越强的竞争力。针对这些现象国内外学者产生了不同的认识：一种观点认为中国加工制造业的国际竞争力已经得到显著增强，中国正经历从较低技术层次的加工制造业向较高技术层次的加工制造业升级的过程；另一种观点则认为虽然中国加工制造业甚至高端的高技术产品产量和出口量巨大，但仍难以充分说明中国制造业的强国地位，制造业的产业国际竞争力需要从多方面综合考察（甄峰和赵彦云，2008）。因此，深入系统地分析全球生产网络背景下中国制造业的国际竞争力具有重要的理论和现实意义。

一、中国制造业产品出口竞争力

（一）数据及指标

采用《国际贸易标准分类》（SITC），分别选取中国制造业中的服装（841）、制鞋（851）、皮革制品（612）、汽车零部件（784）、造船（793）、机械工具（731）、纺织皮革设备（724）、医药产品（541）和通信设备及零部件（764）等九个产业，利用联合国统计司（United Nations Statistics Division）网站提供的数据，分别对不同产业相关产品的国际竞争力进行测度。具体的指标为 RCA 指数（显示性比较优势）和 TC 指数（贸易竞争力）。

1. 显示性比较优势指数

1965 年巴拉萨提出的显示性比较优势指数（Revealed Comparative Advantage Index，RCA），是用来衡量一国某种产品或某一产业在国际市场竞争力的重要指标。一国某一产品出口值占其出口总值的份额以及该产品在世界出口总值占世界全部出口产品总值的份额进行比较，并通过测算前者占后者的比重来确定 RCA 指数，来定量判断一国该产品的相对出口表现，该指标较好地反映了一国该产品出口贸易的强度和比较优势状况。显示性比较优势指数的基本公式为：

$$RCA_{ij} = (X_{ij}/X_{it})/(X_{wj}/X_{wt}) \qquad (2.1)$$

式（2.1）中，RCA_{ij} 表示国家 i 中产品 j 的 RCA 指数，X_{ij} 表示国家 i 中产品 j 的出口值，X_{it} 表示国家 i 中全部产品的总出口值，X_{wj} 表示世界上产品 j 的出口值，X_{wt} 表示世界上全部产品的出口总值。通常认为，当 RCA 值大于等于 2.5 时，此产品在该国具有强的竞争力；当 RCA 值小于 2.5 大于等于 1.25 时，此产品在该国具有较强的竞争力；当 RCA 值小于 1.25 大于等于 0.8 时，此产品在该国具有一般的竞争力；当 RCA 值小于等于 0.8 时，此产品在该国具有弱的竞争力。

2. 贸易竞争力指数

贸易竞争力指数（Trade Competitiveness，TC）是国际竞争力分析时常用的测度指标，通过计算一国中某一产品进出口贸易差额与该产品进出口贸易总额的比重来确定 TC 指数值。该指标可以用来反映与国际市场中其他提供相同产品的国家相比，一国生产的该产品是具有竞争优势还是劣势，同时判断优势或劣势的程度。其公式为：

$$TC_{ij} = (X_{ij} - M_{ij})/(X_{ij} + M_{ij}) \qquad (2.2)$$

TC_{ij} 代表国家 i 中产品 j 的贸易竞争力指数，通常该值在 −1 ~ 1 之间。式（2.2）中，X_{ij} 代表国家 i 中产品 j 的出口值；M_{ij} 代表国家 i 中产品 j 的进口值。通常认为，当 TC 值小于等于 1 大于等于 0.8 时，此产品在该国具有很强的竞争力；当 TC 值小于 0.8 大于等于 0.5 时，此产品在该国具有较强竞争力；当 TC 值小于 0.5 大于等于 0 时，此产品在该国具有强竞争力；当 TC 值等于 0 时，此产品在该国具有一般竞争力；当 TC 值小于 0 大于等于 −0.5 时，此产品在该国具有低竞争力；当 TC 值小于 −0.5 大于 −0.8 时，此产品在该国具有较低竞争力；当 TC 值小于等于 −0.8 大于 −1 时，此产品在该国具有很低竞争力。

虽然 RCA 指数与 TC 指数均可以用于评价一国某产品的国际竞争力，但二者具有互补作用。RCA 指数是产品比较优势的指标，由于该指数无法判断一国对中间产品进口的依赖程度，在某些情况下一国对进口零部件的加工贸易也可以体现为最终产品出口的高 RCA 指数，因此全球生产网络背景下某国在某一产品上的高 RCA 值并不意味着该国控制着该产品的全部生产过程。由于在同时考虑到出口和进口情况，TC 指数可以作为一国产品对进口产品依赖度的评价，便于挑选出一国具有显示性竞争优势的同时又对产品进口有较高依赖性的产品（高 RCA 指数，但 TC 指数相对较低），因此能够更准确的测量一国产品的比较优势。

（二）测度结果及解释

根据联合国统计署（United Nations Statistics Division）提供的数据，计算出 2003～2012 年中国制造业典型产品的 RCA 指数和 TC 指数（见表 2-1）。

表 2-1　　　　中国制造业典型产品国际竞争力状况（2003～2012 年）

年度	指标	服装 841	制鞋 851	皮革制品 612	玻璃 664	造船 793	食品加工机械 727	纺织、皮革设备 724	医疗、制药产品 541	通信设备 764
2003	RCA_{ij}	3.175	3.844	2.985	0.936	0.908	0.231	0.866	0.799	1.927
	TC_{ij}	0.948	0.944	0.783	-0.067	0.576	-0.502	-0.583	0.670	0.199
2004	RCA_{ij}	3.081	3.765	3.033	0.827	0.740	0.232	0.902	0.695	2.201
	TC_{ij}	0.947	0.939	0.856	0.078	0.507	-0.435	-0.539	0.675	0.311
2005	RCA_{ij}	3.058	3.788	2.703	1.139	0.888	0.250	1.008	0.645	2.292
	TC_{ij}	0.949	0.945	0.825	0.237	0.813	-0.228	-0.348	0.681	0.387
2006	RCA_{ij}	3.104	3.571	2.805	1.160	1.131	0.315	1.109	0.621	2.370
	TC_{ij}	0.953	0.946	0.813	0.300	0.877	0.017	-0.284	0.710	0.446
2007	RCA_{ij}	2.867	3.388	2.609	1.209	1.274	0.350	1.096	0.599	2.679
	TC_{ij}	0.948	0.944	0.803	0.433	0.850	0.207	-0.276	0.695	0.528
2008	RCA_{ij}	2.981	3.462	—	1.444	1.520	0.369	1.091	0.697	3.180
	TC_{ij}	0.938	0.934	0.826	0.459	0.876	0.248	-0.144	0.671	0.559
2009	RCA_{ij}	3.196	3.331	—	1.432	1.967	0.400	1.007	0.619	3.156
	TC_{ij}	0.945	0.939	0.815	0.381	0.839	0.310	-0.082	0.627	0.557

续表

年度	指标	服装 841	制鞋 851	皮革制品 612	玻璃 664	造船 793	食品加工机械 727	纺织、皮革设备 724	医疗、制药产品 541	通信设备 764
2010	RCA_{ij}	2.782	3.764	—	1.455	2.322	0.377	1.165	0.649	3.060
	TC_{ij}	0.930	0.939	0.800	0.280	0.920	0.119	-0.129	0.605	0.571
2011	RCA_{ij}	2.772	3.663	—	1.488	2.298	0.402	1.209	0.621	3.269
	TC_{ij}	0.899	0.928	0.778	0.198	0.955	0.230	-0.123	0.511	0.550
2012	RCA_{ij}	2.443	3.808	—	1.497	2.105	0.423	1.140	0.494	3.292
	TC_{ij}	0.885	0.926	0.799	0.133	0.912	0.291	0.008	0.420	0.518

资料来源：根据 United Nations Statistics Division 数据计算得出。

从表 2 – 1 中可以看出 2003 ~ 2012 年中国制造产品的国际竞争力总体上呈现由低到高的趋势。具体表现为：服装、制鞋和皮革制品的产品 RCA 和 TC 指数分别接近甚至超过 2.5 和 0.8，表现为很强的竞争力，但近几年来增长不明显，特别是服装产品还呈现出下降趋势；玻璃和船舶的竞争力指数呈现较为明显增强的趋势，尽管近几年的增速有所放缓，但仍具有一定的比较优势和竞争力，尤其是造船的 RCA 和 TC 指数分别达到 2.1 和 0.9；机械工具和纺织、皮革设备的 RCA 和 TC 指数虽然有一定提高，但目前竞争优势仍然较弱；同属于科学型产业中的产品医药和通信设备差异较大，表现出截然不同的状况，通信设备的 RCA 和 TC 指数均保持快速上升趋势，且已经具有较强的比较优势，并摆脱了对进口产品的依赖性，但医药产品的比较优势却较弱，且有继续下降的趋势（见图 2 – 1、图 2 – 2）。

从产品国际竞争力的测度结果来看，不同产业间的产品竞争力还是存在一定的差异，这可以从不同产业的技术模式差异来加以解释：

首先，服装、制鞋和皮革制品等劳动密集型产业具有较强的国际竞争力，但近年来有下降的趋势。由于该产业对于技术资金要求不高，跨国购买商看重本土企业较低的人工和制造成本以及对于产品、工艺的模仿改进能力，大量中小规模的中国本土企业通过置身于跨国公司的外包战略中得以嵌入全球生产网络，并凭借成本和价格的优势获得国际竞争力。但由于该类产业对劳动力成本变动敏感，近年来随着中国劳动力成本的上升该类产业产品的一部分产能开始向越南等劳动力成本更加低廉的国家转移，这一点也可以从服装、制鞋、皮革制品国际竞争力均表现出的下降趋势看出。

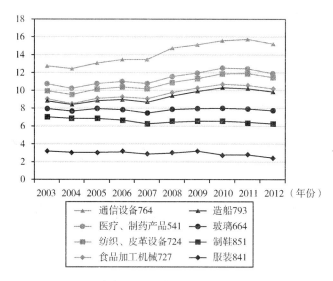

图 2 - 1　制造产品 RCA 指数折线 （2003 ~ 2012 年）

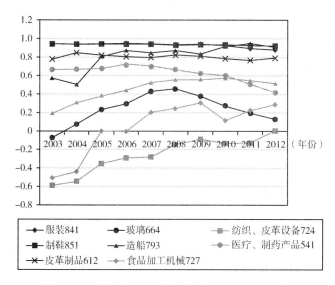

图 2 - 2　制造产品 TC 指数折线 （2003 ~ 2012 年）

　　其次，玻璃和船舶类规模密集型产业产品国际竞争力正在经历从弱到强的转变。该类型产业跨国公司在选择发展中本土企业能否成为全球外包网络中的一部分时，看重的是其能否达到所要求的基本技术标准，与发达国家相比，中国企业规模与集中度较低，从事低技术含量的低端产品，在全球价值链链中受控于国外大型跨国企业，在企业技术开发能力和自主创新方面与发达国家存在一定差距。

再次，机械工具和纺织、皮革设备等专业化供应商产业的国际竞争力最弱。目前中国在这类行业中存在数量恶性膨胀，低质低价竞争的现象，企业缺乏对产品设计、产品可靠性以及对用户需求做出反应的持续关注，无法满足那些看重产品性能和质量的跨国购买商的高要求，因此中国产品的国际竞争力始终较弱。

最后，医药和通信设备等基于科学的高技术产业的产品国际竞争力行业差异较大。一个重要原因在于这类高技术产业在拥有创新带来的巨大机会的同时，也具有难以预测的技术轨迹带来的高风险。通信设备制造产业中正在形成的新技术为发展中国家企业技术追赶带来了"机会窗口"，对中国本土企业的技术创新产生较高的激励，使其能够通过创造新的技术路径，成功实现技术追赶。医疗器械产业高技术、高风险等特征及激烈的市场竞争使国内医疗器械制造业为国外少数大医药企业所垄断，本土医疗制造企业规模过小，产业组织结构分散，产品结构重复，产品研发、生产和销售环节严重脱节，导致该类产品技术结构与西方发达国家具有较大差距，缺乏国际竞争力。

二、高技术产业产品国际竞争力深度分析

从前一部分对中国制造业典型产品国际竞争力的测度结果看，尽管自2003～2012年中国制造产品的国际竞争力总体呈上升趋势，但行业之间仍然存在较大的差异，尤其是同为基于科学的技术模式的高技术产业内部，不同产品的国际竞争力也存在显著的差异，因此有必要针对高科技产业本土企业国际竞争力进行深度分析。在高技术产业的选择范围上，参照2002年7月国家统计局印发的《高技术产业统计分类目录的通知》，选定了航空航天器制造业、电子及通信设备制造业、电子计算机及办公设备制造业、医药制造业和医疗设备及仪器仪表制造业五个产业进行分析。

（一）高技术产业不同类型企业国际竞争力差异

为了更为全面地对高技术产业国际竞争力进行分析，本研究参考陈立敏和谭力文（2004）从产业竞争力的结果和表现两个层面对我国高技术产业国际竞争力进行分析，分别对行业利润率和产品出口竞争力指标进行测度，并将本土企业与港澳台及外资企业进行比较。

1. 产业利润率

产业利润率是反映行业利润水平的经济指标，通过该指标可以看出一个产业的投资效益，是产业竞争力强弱的重要表现。产业利润率的计算采用产业销售利润率，即税后利润与销售收入之比，该指标受到市场结构和企业行为变化等因素的影响，其值越高说明该产业的市场结构对企业越有利、企业的行为越符合市场的需求，产业竞争力越强；反之，产业竞争力则越弱。

表2-2显示了按行业分高技术产业利润率。可以看出，与制造业利润率增长的趋势相比，2000~2012年中国高技术产业利润率并不占有优势，相反在大多数时间里均较制造业利润率低，且各行业利润水平相差较大。其中医药制造业和医疗设备及仪器仪表制造业的利润水平最高，2012年分别达到10.76%和9.38%；航空航天制造业和电子及通信设备制造业的利润水平次之（航空航天制造业在近几年表现出明显的上升趋势）；电子计算机及办公设备制造业的利润水平最低，近些年来始终没有超出4%。

表2-2　　　　按行业分高技术产业利润率（2000~2012年）　　　单位：%

类　别		2000年	2005年	2009年	2010年	2011年	2012年
全部制造业		3.81	4.54	5.93	7.02	6.56	6.03
高技术产业		6.71	4.20	5.50	6.55	5.99	6.05
按行业分	医药制造业	8.27	8.41	9.44	10.94	11.66	10.76
	航空航天制造业	1.06	4.15	6.78	5.11	5.38	5.23
	电子及通信设备制造业	7.25	3.91	4.60	6.21	5.00	5.07
	电子计算机及办公设备制造业	4.73	2.45	2.96	3.46	3.36	3.59
	医疗设备及仪器仪表制造业	5.55	7.94	9.34	9.82	9.83	9.38

资料来源：根据《中国高技术产业统计年鉴2013》数据计算得出。

表2-3显示了按行业分本土企业与外资企业利润率比较。从表中看出，2000~2012年中国高科技产业整体情况本土企业利润高于我国港澳台地区企业及外资企业。从分行业看，电子及通信设备制造业和电子计算机及办公设备制造业两个行业中本土企业利润率具有明显优势；医药制造业和医疗设备制造业两个行业本土企业的利润率落后于我国港澳台地区企业及外资企业，但由于近几年外资企业利润率有所下降，目前本土企业利润率已经非常接近外资企业；航空航天制造业本土企业的利润率则远远低于外资企业。

表 2 - 3　　　　按行业分本土企业与我国港澳台地区企业及外资企业
利润率比较（2000～2012 年）　　　　　单位:%

类　　别		2000 年	2005 年	2009 年	2010 年	2011 年	2012 年
高技术产业（总）	本土企业	6.60	5.42	8.25	9.47	8.46	8.27
	我国港澳台地区企业	4.51	2.84	4.21	5.13	4.92	4.69
	外资企业	7.78	4.07	4.01	4.89	4.35	4.46
按行业分 医药制造业	本土企业	8.12	7.69	10.15	10.97	10.92	10.50
	我国港澳台地区企业	8.41	8.83	13.02	13.96	12.91	12.68
	外资企业	8.97	11.33	12.93	13.36	10.96	11.07
航空航天制造业	本土企业	0.09	3.48	6.10	5.43	5.10	4.97
	我国港澳台地区企业	26.56	10.44	4.67	5.52	5.17	3.61
	外资企业	9.09	10.27	12.16	2.97	7.28	7.44
电子及通信设备制造业	本土企业	7.60	3.92	7.31	8.96	6.82	6.97
	我国港澳台地区企业	4.39	2.88	3.89	5.15	4.61	4.19
	外资企业	8.12	4.30	3.24	4.85	3.92	3.95
电子计算机及办公设备制造业	本土企业	4.52	2.99	5.81	8.86	6.65	6.15
	我国港澳台地区企业	3.41	1.80	2.34	2.77	3.27	3.55
	外资企业	5.83	2.61	2.78	3.05	2.97	3.23
医疗设备及仪器仪表制造业	本土企业	4.18	7.37	8.93	9.37	9.44	9.27
	我国港澳台地区企业	6.54	5.62	10.14	9.84	10.18	9.56
	外资企业	8.65	9.92	10.04	10.87	10.74	9.64

资料来源：根据《中国高技术产业统计年鉴 2013》数据计算得出。

2. 产品出口竞争力

产品出口竞争力反映的是一个国家和地区出口的产品在国际市场上的竞争能力，是产业国际竞争力在市场中的表现。一般情况下产品出口竞争力可以采用产品国际市场占有率（WMS）来评价，即用一国生产某一产品的出口总额占该产品世界出口总额的比重，反映了一国某产业或产品的国际竞争力，该指标越高说明该产品在国际市场上的竞争力越强，反之越弱。

根据《国际贸易标准分类》（SITCⅢ）标准，采用联合国统计署网站提供的数据，表 2 - 4 计算了 2008～2012 年中国高技术业产品国际市场份额。从表中可以看出，中国高技术产品的国际市场份额差异性非常显著，最强的产业是电子及通信设备制造业和电子计算机及办公设备制造业，市场份额均超过或接近25%，最强的产品录音机和电脑设备甚至超过45%；医药制造业、航空航天制造业、医疗设备及仪器仪表制造业（光学仪器及计量器除外）这三个产业中的大部分产品的国际市场份额均低于10%，尤其是药品市场份额不足1%，竞争力明显较弱。

表2-4　　　　　　中国高技术产业产品的国际市场占有率（WMS）　　　　单位:%

产业	产品	2008 年	2009 年	2010 年	2011 年	2012 年
医药制造业	541 医用制剂（不包括药品）	6.26	5.98	6.78	6.15	5.61
	542 药品	0.38	0.39	0.47	0.71	0.87
航空航天制造业	792 航空器及相关设备	0.86	0.76	0.94	1.07	0.92
电子及通信设备制造业	761 电视接收机	28.77	25.89	26.93	26.97	27.60
	762 无线电广播接收机	28.59	24.02	24.01	25.90	28.99
	763 录音机、留声机	49.41	51.87	43.43	42.96	47.47
	764 电信设备及零件	27.03	28.39	29.97	31.71	34.55
电子计算机及办公设备制造业	751 办公室设备	20.23	19.93	23.18	24.20	25.75
	752 电脑设备	42.25	43.12	46.63	45.42	46.93
	759 办公室设备零件及附件	24.61	22.38	22.59	23.54	24.43
医疗设备及仪器仪表制造业	871 光学仪器及器具	37.37	28.60	29.07	31.29	36.02
	872 医用仪器及用具	4.81	4.93	5.30	5.52	5.99
	873 计量器及计数器	11.42	11.25	11.64	12.85	15.34
	874 量度及控制的仪器仪具	4.82	5.10	5.61	5.69	6.55

资料来源：根据 United Nations Comtrade Database 数据计算得出。

表2-5 为按行业分中国高技术产业出口交货值占比的本土企业与我国港澳台地区企业及外资企业的比较。从表中可以看出，就高科技行业总体来看，虽然本土出口交货值远低于外资企业和我国港澳台地区企业，但自2005 年以来，本土企业出口交货值占全部总额的比重呈现上升的趋势。分行业看，本土企业在医药制造业和航空航天两个行业的出口交货值比重远远领先于我国港澳台地区企业及外资企业，2012 年两个行业的占比均超过75%；在电子及通信设备制造业和电子计算机及办公设备制造业，本土企业出口交货值远远低于我国港澳台地区企业及外资企业，近几年来占总额比重甚至从未达到15%；在

医疗设备及仪器仪表制造业，本土企业出口交货值占比的增长较为明显，近五年来与外资企业差距逐渐缩小。

表2-5　出口交货值占比本土企业与我国港澳台地区企业及外资企业比较　　单位:%

产业	产品	2000年	2005年	2009年	2010年	2011年	2012年
高科技产业（总）	我国港澳台地区企业	25.53	24.39	25.48	24.95	27.62	25.53
	外资企业	59.43	67.16	63.51	63.69	61.09	59.43
	本土企业	15.04	8.45	11.01	11.36	11.29	15.04
医药制造业	我国港澳台地区企业	9.55	7.92	16.34	15.92	14.60	9.55
	外资企业	15.99	19.06	28.74	28.52	26.72	15.99
	本土企业	74.46	73.02	54.92	55.56	58.68	74.46
航空航天制造业	我国港澳台地区企业	17.95	30.08	16.81	11.61	18.00	17.95
	外资企业	3.85	8.61	36.60	26.81	19.84	3.85
	本土企业	78.20	61.31	46.59	61.58	62.16	78.20
电子及通信设备制造业	我国港澳台地区企业	23.95	24.94	27.86	26.62	27.94	23.95
	外资企业	65.06	65.93	58.39	58.94	58.10	65.06
	本土企业	10.97	9.08	13.75	14.44	13.96	10.99
电子计算机及办公设备制造业	我国港澳台地区企业	33.93	24.05	23.95	23.97	28.75	33.93
	外资企业	58.29	73.55	73.30	73.27	69.13	58.29
	本土企业	7.78	2.40	2.75	2.76	2.11	7.78
医疗设备及仪器仪表制造业	我国港澳台地区企业	16.44	32.37	14.07	19.10	20.07	16.43
	外资企业	48.45	49.16	54.70	52.87	48.80	48.45
	本土企业	35.11	18.47	31.23	28.03	31.13	35.12

资料来源：根据《中国高技术产业统计年鉴2013》数据计算得出。

（二）竞争力深度分析：以电子计算机、通信设备及办公设备制造产业为例

以上对中国高技术产业利润率和产品出口竞争力测度比较可以得出：从产业利润率来看，中国高技术产业竞争力最强的是医疗设备及仪器仪表制造业和医药制造业；从产品出口竞争力来看，电子及通信设备制造业和电子计算机及办公设备制造业在中国高技术产业中具有最强的竞争力。其中产品出口竞争力较强的原因，可以归结为产品内国际分工导致的全球生产网络大背景。

随着运输成本、信息成本的幅度降低以及通信设备、计算机及办公设备制

造产业产品模块化和可分割程度的增强，发达国家跨国公司为了降低成本、规避贸易壁垒等目的，将劳动密集的零部件组装阶段转移到发展中国家①。转移的方式有两种：一种是跨国公司直接在发展中国家投资设立组装工厂，从国外进口零部件利用东道国低廉的劳动力成本和土地资源进行组装；另一种是跨国公司将产品的组装工序外包给发展中国家的本土企业。在此背景下中国制造业凭借出口导向的加工贸易政策，以及良好的工业基础、低廉的劳动力成本和规模生产的优势，逐渐以"代工"或"贴牌"的形式融入了全球分工体系。

对于全球生产网络给中国高技术产业带来的影响的认识存在着两种不同观点。一种观点认为，20 世纪 80 年代以来中国对加工贸易中进口中间产品免征关税的、以出口为导向的加工贸易政策，直接导致跨国公司将高技术产品的劳动密集型组装工序放在中国，通过进口零部件进行组装再出口制成品，这意味高技术产业的国际竞争力并没有得到提升，中国实质上仍然位于产品全球价值链的最低端；另一种观点则认为，在加工贸易生产活动中会产生对本土上下游企业的技术溢出，这会大大提高产业的整体技术水平，从而增强中国高技术产业的国际竞争力，推动该产业实现从产品价值低端向高端的转移。

为了弄清楚这两个产业国际竞争力的真实情况，需要了解该产业竞争力指标的变化特点和技术升级的变化趋势，判断这两个产业是仍然停留在劳动密集型的"组装"阶段，还是在技术水平上得到提升。假设零部件生产的技术含量高于组装工序，如果一个国家某产业制成品与零部件的产品国际竞争力指标同时增强，意味着该国该产业不仅在组装工序上利用了低廉的劳动力成本优势，而且加工贸易活动实现了技术溢出、带动了产业整体技术水平的提高，实现了从产品价值链低端向高端的转移；但如果零部件的产品竞争力指标没有明显变化甚至出现下降，仅仅是制成品的产品竞争力指标增强，则意味着加工贸易活动并未产生技术溢出或带动该国该产业整体技术水平提升，该产业仍处于国际产品价值链低端。

鉴于贸易竞争力指数指标（TC）从进口出口两个方面考虑产业竞争力，

---

① Feenstra 和 Hanson（1996）研究表明，电子、电气机械、仪器制造等行业的进口投入比例要高于其他行业，并指出，进口中间投入比例高的行业具有两个共同特征使其更易发生外包行为：一是生产过程可以分为几个独立生产阶段，这便于中间投入跨地域运输；二是各生产阶段密集使用的劳动力的技能或熟练程度不同，因此密集使用某类劳动的生产活动移往国外具有经济意义。中国具有较强竞争力的电子、通信及办公设备行业具备这两个典型特征，这也正是中国企业得以依靠承接外包业务融入全球生产网络的原因。

能够更准确地衡量全球生产网络背景下一国产业竞争力的变动趋势，表 2 - 6 计算了 2008 ~ 2012 年中国电子计算机及办公设备和电子及通信设备制造业两个产业产成品和零部件的 TC 指标。可以看出，目前两个产业中，除通信设备制造业外大多数制成品的 TC 值均超过 0.5，这说明中国充分利用了劳动力的资源优势，在制成品的组装方面具备较强的国际竞争力；在零部件方面，TC 值虽然明显低于制成品，但除个别产品外，大部分产品 TC 指标仍大于 0，这表明中国已经从净进口转变为净出口国，虽然优势并不明显，但也足以说明中国已经在生产越来越多的技术含量较高的零部件，并没有出现高度依赖中间商进口的状况。

表 2 – 6　　　　2008 ~ 2012 年制成品与零部件贸易竞争力指数比较

通信设备及零部件 (764)		制成品 （SITC4 位）					零部件 （SITC4 位）	
		7641 电话机	7642 麦克风、扬声器、耳机	7643 传输设备	7648 电信设备	制成品平均值	7649 通信产品零部件	零部件平均值
TC 指标	2008 年	0.65	0.60	- 0.47	0.12	0.23	0.20	0.20
	2009 年	0.64	0.57	- 0.24	0.50	0.37	0.21	0.21
	2010 年	0.65	0.62	- 0.03	0.44	0.42	0.26	0.26
	2011 年	0.62	0.63	0.21	0.30	0.44	0.24	0.24
	2012 年	0.59	0.59	- 0.06	0.17	0.32	0.26	0.26
办公设备及零部件 (751；759)		制成品 （SITC4 位）				零部件 （SITC4 位）		
		7511 打字机	7512 计算器、记账机等	7519 其他办公设备	制成品平均值	7598[*] 零部件 I	7599[***] 零部件 II	零部件平均值
TC 指标	2008 年	0.95	0.76	0.52	0.74	- 0.20	0.35	0.08
	2009 年	0.87	0.82	0.47	0.72	- 0.05	0.31	0.13
	2010 年	0.91	0.80	0.43	0.71	0.01	0.24	0.13
	2011 年	0.95	0.83	0.43	0.74	0.06	0.27	0.17
	2012 年	0.88	0.85	0.43	0.72	0.09	0.25	0.08

续表

电子计算机 （752）		制成品（SITC4 位）					零部件（SITC4 位）	
		7522 便携式电 子计算机	7523 其他类型 电子计算机	制成品 平均值	7526 输入/输 出设备	7527 存储设备	7528 其他部件	零部件 平均值
TC 指 标	2008 年	0.99	0.76	0.88	0.61	−0.19	0.55	0.32
	2009 年	0.99	0.75	0.87	0.57	−0.22	0.42	0.26
	2010 年	0.99	0.77	0.88	0.53	−0.22	0.49	0.27
	2011 年	0.99	0.73	0.86	0.46	−0.17	0.55	0.28
	2012 年	0.99	0.71	0.85	0.27	−0.16	0.55	0.22

注：※7598 零部件Ⅰ：适用于 7511、7212、7519 及 752 中两个或更多产品的零部件或配件；※※7599 零部件Ⅱ：仅适用于 7511、7212、7519 及 752 中某一类产品的零部件或配件。

资料来源：根据 United Nations Comtrade Database 数据计算得出。

因此，中国得以在电子及通信设备制造和电子计算机及办公设备制造产业特有较强的产品国际竞争力，其根本原因在于全球生产网络背景下新的产品分工模式。在这些产业中，外商投资企业占据了绝对的主导，它们通过在中国设立组装工厂的方式，从国外进口零部件进行组装，充分利用了中国劳动力资源的成本优势，在制成品组装方面具备了较强的国际竞争力。但幸运的是中国高技术产业并没有沦为在国际分工链中的受害者，产业内技术溢出和技术学习，使其越来越多地涉及技术含量较高的零部件的生产，极大改善了过去高度依赖中间商进口的状况，产业的整体竞争优势得到了增强。

第二节　产品内国际分工对本土企业技术进步的影响效应

参与全球生产网络对提升中国制造产业的产品出口竞争力具有重要意义，但前一节的研究表明单纯产品出口竞争力的增强并不意味着产业技术水平的提升。因此，研究中国制造业参与全球生产网络及产品内国际分工程度对本土企业的技术进步的影响，对于中国本土企业实现从产品价值链低端向价值链高端的转移、提高在国际分工中的地位具有重要的现实意义。

一、文献回顾

基于产品层面的分工模式逐渐向基于工序层面的分工模式转化，产品内国际分工形式为发展中国家制造业融入全球化提供了一个新的切入点，并对其本土企业技术溢出和技术进步产生了不可忽视的影响。本土企业通过参与产品内国际分工体系实现技术进步主要有两种途径：一是中间品的进口贸易，发达国家跨国公司以契约的方式与本土企业建立外包关系，本土企业承接了劳动密集型组装工序，将进口零部件进行组装成制成品出口；二是外商直接投资（FDI），发达国家跨国公司在发展中国家投资建厂，不可避免地与当地本土企业建立各种联系，进而产生技术转移或技术溢出。

国内外的文献对国际贸易和外商直接投资这两种途径产生的技术溢出和技术进步效应进行了研究。

（一）国际贸易对技术进步影响

国际贸易可以促使一国有选择地进入具有比较优势的行业，更有效地进行资源配置提高生产率，促进国际的技术溢出，因此新贸易理论将国际贸易作为解释技术进步的主要因素。格罗斯曼和海尔普曼（Grossman & Helpman，1999）对国际贸易技术溢出的方式进行分析：首先，信息可以通过与业务伙伴之间建立的商业联系或交易进行交换；其次，由国际贸易引起的不同国家创新者之间的全球化的竞争激励企业去创造全球市场独一无二的新思想和新产品；最后，贸易降低了 R&D 重复支出的可能性从而更有效地配置资源提高生产率。

国际贸易技术溢出的实证研究大多采用提出的 C-H 模型作为分析框架，认为贸易是进行技术转移的一种重要渠道，贸易伙伴的 R&D 会通过进口贸易得到传导（Coe & Helpman，1995；Xu & Wang，1999）。针对国际贸易对中国生产率增长的影响研究认为中国制造业产业间存在显著的 R&D 技术溢出和国际贸易技术溢出效应，其中来自欧美等国的外资企业的技术溢出效应更加明显（Wei & Liu，2006）。一些国内学者进一步考察了我国贸易技术溢出的其他条件[①]：李小

[①] 一些学者将此定义为"门槛效应"，认为由于"门槛效应"的存在，国际贸易所引起的溢出效应并不显著。如 Moschos（1989）在研究国际贸易对经济增长促进作用时发现，当一国经济发展水平未达到某个门槛时，国际贸易对经济增长的拉动作用较小，反之则较大，同时 Keller（1989）、Park（2004）的实证结果也都不支持国际贸易技术溢出存在的显著性。

平和朱钟棣（2004）通过构建技术差距模型，发现中国国际贸易的技术溢出需要一定的经济门槛；李有等（2006）认为国外 R&D 通过贸易显著地促进我国 TFP 和技术效率的增长，但需要与中国人力资本要素相结合，忽略人力资本投入要素会导致我国 TFP 水平的高估；黄凌云等（2007）对东道国吸收能力与 FDI 技术溢出之间的关系进行实证研究，认为二者存在非线性关系。

（二）FDI 对技术进步的影响

FDI 技术溢出也被认为是影响东道国技术进步的最重要途径之一。已有的研究通常认为 FDI 对技术溢出的途径主要有三种（UNCTAD，2000）：一是与当地供应商建立的后向联系；二是与技术伙伴建立的联系，包括产权和非产权协议；三是与客户建立的前后联系。科科（Koko，1994）对 FDI 技术外溢效应发生的四种情况进行了归纳：第一，外资企业进入东道国市场加大了竞争压力，迫使本土企业增加技术投入，进行模仿学习和技术创新，提高技术水平；第二，外资企业带来的竞争压力促使东道国本土企业提高资源利用效率，改进生产工艺、提升产品质量；第三，外资企业与东道国本土企业建立联系，为确保产品质量会向上游或下游企业提供技术转移；第四，由于人力资本的流动，在外资企业中得到培训员工进入东道国本土企业会带来先进的技术与管理理念。

在针对 FDI 技术溢出效应的国内外实证研究中，大多数研究者利用 C-D 生产函数构建模型，研究 FDI 对国内生产总值或生产率的影响。与国际贸易机制相比，FDI 机制涉及跨国公司，在本质上更为复杂，目前关于 FDI 技术溢出效应是否存在的实证研究尚未得出一致性的结论。大多数学者认同流入发达国家的 FDI 存在正的技术溢出效应，但在流入发展中国家的 FDI 的技术溢出效应方面研究结论却不尽相同。徐（Xu，2000）认为跨国公司的技术转移有利于提高发达国家的劳动生产率，但对发展中国家却不明显；国内学者何洁（2000）等认为我国 FDI 的技术溢出效应较明显；而张海洋（2005）等则认为引进 FDI 对促进中国的技术进步效果甚微。

由于对 FDI 技术溢出效应测度结论产生的分歧，学者们开始转向对影响 FDI 技术外溢的因素进行分析。阿克巴和布里德（Akbar & Bride，2004）等对跨国公司的战略导向特征对技术外溢的影响进行分析；赖明勇（2005）等对东道国的吸收能力对 FDI 技术溢出的影响进行分析；陈涛涛等（2003）对行业因素对 FDI 行业内技术溢出的影响进行研究，认为"技术差距"是最直接和最重要的因素，同时"资本密集度"和"行业集中度"也对技术溢出产生影响。

虽然从目前的研究现状看，国际贸易和外商直接投资对技术进步影响效应研究得到普遍重视，但仍存在如下不足：一是已有研究都是对 FDI 技术溢出和国际贸易技术溢出分开进行的，极少有同时考虑 FDI 和国际贸易对技术进步的影响，无法完全反映产品内国际分工对一国技术进步的真实影响；二是研究未考虑外资企业对中国企业整体技术进步的贡献，没有将本土企业与外资企业区隔开，由于中国长时间来以出口为导向的加工贸易政策鼓励外资企业进入中国，导致外资企业在中国占比重较大，如果不剔除外资企业对技术进步的贡献，无法真实反映产品内国际分工对本土企业技术进步的影响。

本部分的研究方法与其他已有研究的不同之处体现在以下几个方面：一是将进口贸易与 FDI 放在同一个模型中考虑，既考察进口贸易对技术进步的影响，还考察 FDI 对技术进步的影响，更加全面地反映了全球生产网络对中国制造业技术进步的影响；二是剔除了外资企业的贡献，专门针对产品内国际分工对本土企业技术进步的影响效应；三是采用了"行业特征"的变量对基本模型进行了检验，考察不同的行业类型下产品内国际分工对技术进步的影响效应是否存在差异。

二、模型与指标测度

（一）计量模型

关于模型的建立，本文遵循国内外多数学者对产出的定义，应用科布—道格拉斯（Cobb-Douglas）生产函数的形式，将国内研发投入和对外开放因素作为技术进步投入要素，将全要素生产率作为技术进步产出的指标，得到：

$$\text{TFP}_{it} = C_1 S_1^\theta S_2^\lambda \qquad (2.3)$$

其中，C_1 是常数项，S_1 表示国内的研发投入（RD_{it}），S_2 表示产品内国际分工背景下通过中间品进口（IM_{it}）和外商直接投资产生的技术进步和技术溢出（FDI_{it}），构建最终模型如下：

$$\text{TFP}_{it} = C_1 (\text{RD}_{it-x})^{r_1} (\text{IM}_{it})^{r_2} (\text{FDI}_{it})^{r_3} \qquad (2.4)$$

对式（2.4）两边分别取对数，并引入误差项，产生的式（2.5）作为接下来研究的回归模型。

$$\ln TFP_{it} = C + r_1 \ln RD_{it-x} + r_2 \ln IM_{it} + r_3 \ln FDI_{it} + \varepsilon_{it} \qquad (2.5)$$

式（2.5）中，i 表示行业/部门，t 表示时间，TFP_{it} 表示时间点 t 行业 i 的全要素生产率。RD_{it} 表示时间点 t 行业/部门 i 的国内研发投入，IM_{it} 表示时间点 t 行业/部门 i 的中间品进口，FDI_{it} 表示时间点 t 行业/部门 i 的外商直接投资，IM 和 FDI 分别为一国参与产品内国际分工的两种途径。ε_{it} 是误差项 C 为常数项。考虑到研发投入对技术进步的影响可能具有滞后性，模型中设置了影响时滞 x，考虑研发滞后 0 期及滞后 1 期产生的影响。

（二）指标测度

1. 技术进步指标

这是指在包括土地、劳动和资本等全部生产要素投入量不变时，生产量仍能增加的部分，因此用来衡量纯技术进步在生产中的作用。本研究选择全要素生产率（TFP）作为技术进步的指标①，采用索洛（Solow，1957）提出的索洛剩余（Solow Residual）法对其进行计算，是剔除资本和劳动等要素投入贡献后所得到的残差，计算实际观察的数值与最小二乘法计算所得出的估计值之间的差额。

假设技术进步类型为"产出增长型"技术进步（即"希克斯中性"）。在这种形式的技术进步中，劳动/资本比（L/K）不变条件下，技术发生变化没有改变劳动与资本的边际替代率，即资本和劳动两种要素的效率同步获得提高，在资本边际产量与劳动边际产量之比保持不变的情况下，使产出得到增长。利用 C - D 生产函数作为总量生产函数，各部门一般生产函数的形式见式（2.6）：

$$Y_{it} = A(t)F(K,L) = A_{it}K_{it}^{\alpha}L_{it}^{\beta} \qquad (2.6)$$

其中，i 表示行业/部门，t 表示时间，Y_{it} 表示时间点 t 行业/部门 i 的总产出，A_{it} 表示时间点 t 行业/部门 i 的全要素生产率。K_{it} 表示时间点 t 行业/部门 i 的资本投入，L_{it} 表示时间点 t 行业/部门 i 的劳动投入。α、β 分别表示资本和

---

① 在通常的实证研究中，一般都会选用全要素生产率（TFP）作为技术进步的指标，全要素生产率的进步率作为技术进步率。虽然全要素生产率存在一定的局限性，未必是最适合的技术进步衡量指标，但是因为全要素生产率的变化在一定程度上会影响生产效率、经济体制结构、产业调整等，目前在实证上的应用还是占主流，在经济学领域的研究中也具有十分重要的地位。

劳动的产出弹性，且 $\alpha + \beta = 1$。则各行业/部门的全要素生产率为：

$$A_{it} = \frac{Y_{it}}{K_{it}^{\alpha} L_{it}^{\beta}} = TFP_{it} \qquad (2.7)$$

两边分别取对数得：

$$\ln TFP_{it} = \ln Y_{it} - \alpha \ln K_{it} - \beta \ln L_{it} \qquad (2.8)$$

式（2.8）中，工业总产出 Y，采用各行业工业总产值表示。资本投入 K，采用各行业固定资产原值来表示资本投入。劳动投入 L，采用各行业年末从业人员数据。这些数据均来自于《中国工业统计年鉴》各年度报告，由于研究目的是考察产品内国际分工对本土企业技术进步的影响，因此在计算时将相关行业数据减去了外商投资和我国港澳台地区投资企业数据，得出数值即为本土企业的各指标数据。

α、β 分别表示资本的产出弹性和劳动的产出弹性，前者是指资本投入占国民生产总值的比率来计算，后者则指劳动报酬占国民生产总值的比率来计算。由于在实证研究中资本投入比率和劳动报酬投入比率的计算难度都较大，本研究采取世界银行对我国资本和劳动份额产出弹性的估算，α 取 0.6，β 取 0.4。

2. 中间品进口（IM）

中间品进口是参与产品内国际分工获得的进口中间投入品数值，该指标可以通过将产品内国际分工比率（VSS）乘以出口数值来计算，其中 VSS 是一国生产总出口中来自别国进口的中间投入品价值所占的比重。

$$IM_i = VSS_i \times X_i \qquad (2.9)$$

其中，IM_i 代表 i 行业/部门参与产品内国际分工获得的进口中间投入品数值，X_i 代表 i 行业/部门相应的总出口数值。式（2.6）中所需的出口数据来自联合国 UN COMTRADE 数据库，考虑到中国统计年鉴对行业分类标准与联合国国际贸易分类标准并未一一对应，因此本研究参照盛斌（2002）归纳的国际贸易标准分类（SITC3.0）与我国工业行业分类标准（CICC）之间的对应关系，并加以汇总整理形成（见附录一）。

VSS 值的计算则采用赫梅尔等（2001）的方法，通过下式计算得出：

$$VSS_i = \frac{1}{X} \mu A^M (I - A^D)^{-1} X^V \qquad (2.10)$$

其中 A^D 表示国内消耗系数矩阵、A^M 表示进口中间产品消耗系数矩阵，A^D 和 A^M 均可以通过直接消耗矩阵 A 间接获得。利用国家统计局分别于 1997 年、2002 年、2007 年公布的投入产出表，通过简单计算可以得出这三年的直接消耗矩阵 A。进口中间产品消耗系数矩阵的 A^M 与直接消耗矩阵 A 之间的比例关系（A^M/A）为进口与总产品之比（进口/总产品），其中生产的总产品为总产出加上进口额再送去出口额（总产品 = 总产出 + 进口 − 出口），其中总产出、进口额、出口额均从投入产出表中获得。

对 A^M/A = 进口/（总产品 = 总产出 + 进口 − 出口）进行计算，将得到的比例值乘以矩阵 A 中的各项系数，就可以得到 A^M 矩阵，再根据国内消耗系数矩阵与进口中间产品消耗系数的总和即为直接消耗矩阵，即 $A^D + A^M = A$，可以计算出 A^D 矩阵。

由于在进行实证研究时，国家统计局只公布了 1997 年、2002 年、2007 年这三年的投入产出表，所获得的数据只可用于计算出这三年的消耗矩阵，参照北京大学中国经济研究中心课题组（2005）、张小蒂和孙景蔚（2006）等所进行的类似研究的做法，用 1997 年投入产出表数据代替 2001 年，用 2002 年投入产出表数据代替 2003 ~ 2006 年，用 2007 年投入产出表数据代替 2008 年，选择研究的时间跨度为 2001 ~ 2008 年度。在分别计算出各年度 A 矩阵、A^M 矩阵和 A^D 矩阵之后，结合出口向量计算出 2001 ~ 2008 年度各行业产品内国际分工比率（VSS）。

3. 其他指标

外商直接投资（FDI）通过《中国工业经济统计年鉴》各年度数据获得，以各行业包括我国港澳台地区投资企业在内的外商投资企业固定资产净值代替；国内研发投入（RD）通过《中国科技统计年鉴》各年度数据获得，用包括研发机构和企业的在内的研发内部支出代替。

（三）样本说明

本研究选择的时间样本为 2001 ~ 2008 年度，将《中国工业经济统计年鉴》和《投入产出表》中的数据相一致，便于计算，最终选定 10 个典型制造行业，具体为：纺织业、服装皮革羽绒及其他纤维制品制造业、木材加工及家具制造业、造纸印刷及文教用品制造业、非金属矿物制品业、金属制品业、交通运输设备制造业、电气设备及器材制造业、电子及通信设备制造业和仪器仪表及文化办公用机械制造业。

三、产品内国际分工对本土企业技术进步影响的总效应分析

（一）产品内国际分工及技术进步的分行业现状分析

为了更好地显示具体行业的产品内国际分工和技术水平，深入比较和分析本土企业各行业参与产品内国际分工的程度与其技术进步之间的关系，本研究选择全要素生产率较高及较低的六个典型行业（电子及通信设备制造业、电气设备及器材制造业、仪器仪表和文化办公用机械制造业、造纸印刷及文教用品制造业、木材加工及家具制造业和非金属矿物制品业），对这六个行业的中间品进口（IM）、外商直接投资（FDI）及行业中本土企业的全要素生产率（TFP）随时间变化的趋势进行了比较（见图 2 - 3）。

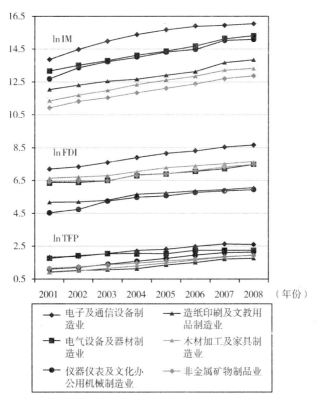

图 2 - 3　本土企业典型行业参与产品内国际分工
及技术进步的变化趋势比较

由图 2-3 可见，这六个行业的中间品进口值、外商直接投资值及行业中本土企业的全要素生产率均呈现出随时间增长的趋势，各行业时间趋势图表现出较强的一致性。其中，电子及通信设备制造业、电气设备及器材制造业和仪器仪表和文化办公用机械制造业三个行业的全要素生产率较高，造纸印刷及文教用品制造业、木材加工及家具制造业和非金属矿物制品业三个行业的全要素生产率较低。这可能与其产业特征有关，前三个行业均属于资本和技术密集型行业，中国本土企业参与产品内国际分工程度较高（表现为较高的中间品进口和外商直接投资），因此较易获得技术外溢和产业关联等积极效应，其产业特性有利于自身的技术提升；后三个行业则属于劳动密集型行业，本土企业参与产品内国际分工程度不高（表现为较低的中间品进口和外商直接投资），因此产品内国际分工对这类企业的技术进步效应较不显著。

此外，不同行业的产品内国际分工对本土企业技术进步的作用渠道及程度存在差异。中间品进口对该行业本土企业全要素生产率的提高和技术进步有积极影响，具体表现为电子及通信设备制造业、电气设备及器材制造业、仪器仪表及文化办公用机械制造业三个行业的中间品进口值较高，该类行业的本土企业全要素生产率也较高；而造纸印刷机文教用品制造业、木材加工及家具制造业、非金属矿物制品业三个行业的中间品进口值较低，全要素生产率也较低。与此同时，外商直接投资对全要素生产率和技术进步的影响则不那么显著，如仪器仪表及文化办公用机械制造业的 FDI 较低，但行业内本土企业全要素生产率却较高，非金属矿物制品业的 FDI 较高，但行业内本土企业全要素生产率却较低。

造成外商直接投资对本土企业技术进步影响效应不明显的可能原因有两个：一是作为跨国公司 FDI 在中国设立和培育的为其产品配套的本土企业的技术水平通常较低，主要通过具有低成本劳动力比较优势的加工贸易环节来参与产品内国际分工，处于国际产品价值链体系的低端，跨国公司为确保产品质量所给予的技术支持和指导也仅停留在最基本和最简单的操作流程、设备使用说明及图纸等，不可能转移高层次的核心技术，使本土企业在技术上严重依赖外资，因此对技术进步的影响较有限；二是 FDI 对本土企业具有"挤出效应"，外资企业享有政策优惠所具有的优势以及其在技术、资金、品牌和管理水平等方面的强大实力，使本土企业在相似产品的竞争上竞争压力加大，甚至被挤出市场。

（二）产品内国际分工对本土企业技术进步影响的总效应分析

为了分析产品内分工对本土企业技术进步的影响效应，采用 Eviews6.0 软件对式（2.5）进行了回归分析，结果如表 2 - 7 所示。

表 2 - 7　　　　　产品内国际分工对我国本土企业技术进步的总效应

解释变量	回归结果			
	回归 1	回归 2	回归 3	回归 4
截距项（C）	- 4. 076792 *** (- 13. 78454)	- 3. 672826 *** (- 18. 41223)	- 4. 008759 *** (- 13. 81609)	- 3. 494920 *** (- 20. 69102)
国内研发投入 （$\ln RD_{it}$）	0. 040961 (1. 018034)	0. 061083 * (1. 817032)	—	—
国内研发滞后一期 （$\ln RD_{it-1}$）	0. 037876 (0. 928121)	—	0. 040373 (1. 015255)	—
中间产品进口 （$\ln IM_{it}$）	0. 362207 *** (5. 706020)	0. 304722 *** (6. 083285)	0. 382721 *** (6. 286646)	0. 344446 *** (8. 559020)
FDI 溢出 （$\ln FDI_{it}$）	0. 004162 (0. 051515)	0. 091612 (1. 237708)	0. 022843 (0. 283260)	0. 096485 (1. 399715)
R^2	0. 974883	0. 973500	0. 974064	0. 973500
AD-R^2	0. 969053	0. 968754	0. 968604	0. 969213
F 值	167. 1990	205. 1077	178. 3926	227. 0903
P(F)	0. 000000	0. 000000	0. 000000	0. 000000

注：*** 、** 、* 分别代表显著性水平为 1% 、5% 、10%；模型估计值括号内为相应的 t 检验值。

回归分析结果中，回归 4 是中间产品进口（IM）、FDI 溢出（FDI）对本土企业全要素生产率影响的回归模型，回归 3 在回归 4 的基础上增加了国内研发投入滞后一期的影响，回归 2 在回归 4 的基础上增加了国内研发投入当期的影响，回归 1 在回归 4 的基础上同时增加了国内研发投入当期和研发投入滞后一期的影响。在关于随机效应模型还是固定效应模型的选择上，通过 Hausman 检验得到的检验值较理想（P 值 = 0. 000000），R^2 也较显著（R^2 = 0. 870577），因此较适合采用固定效应模型来进行计量分析。

从回归分析的结果来看,四个回归模型之间不存在较大的差异,对该回归结果,可以得到以下结论:

第一,研究模型中,包括国内研发投入、中间品进口、外商直接投资在内的全部解释变量对本土企业全要素生产率的提升都有显著的正向影响;第二,国内 R&D 投入当期及其滞后一期对本土企业全要素生产率虽然具有正向影响,但并不显著,仅在回归 2 中具有 10% 的显著性;第三,产品内国际分工的两个具体途径中,中间品进口对本土企业全要素生产率的正向效应大于外商直接投资的影响。

四、产品内国际分工对技术进步影响效应的行业特征分析

通过上述产品内国际分工对技术进步影响的总效应分析验证了中间品进口贸易和 FDI 对本土企业全要素生产率的促进作用,但同时不同行业的产品内国际分工水平及本土技术水平也存在较大差别。因此,产品内国际分工对技术进步的作用效应可能受行业特性影响。

(一) 行业特征变量的选取

出于数据的可获得性,并参考国内外同类研究中行业特征变量的选择,接下来考虑可能制约本土企业技术进步的技术差距、反映东道国自身的经济发展水平及本土企业所在产业特征的资本密集度和企业规模三个变量的影响,并依据这三个典型的行业特征变量对企业总样本进行分组分析。

1. 行业资本密集度

行业资本密集度用来衡量与其他生产要素投入相比,产品生产中资本要素投入程度,通常用资本投入 K 与各行业劳动力投入总数 L,即"人均资本"来表示。资本投入 K 和行业劳动投入 L 数据均由各年度《中国工业统计统计年鉴》获得,其中 K 为行业固定资产原值,L 为行业年末从业人员数。

2. 技术差距

技术差距用本土企业与外资企业之间劳动生产率的差距来表示。人均劳动生产率由行业年工业增加值与总劳动人数的比值衡量,其中劳动投入由行业年末从业人员数表示,将行业工业品出厂价格指数折算成以 2000 年为基期的不变价格来表示行业工业增加值,所有数据均从各年度《中国工业统计统计年鉴》和《中国城市(镇)生活与价格年鉴》中获得。分别计算外资企业和本

土企业行业人均劳动生产率的平均值，并对两种类型企业进行比较，用同行业中较高一方的劳动生产率除以较低一方，每个行业的"技术差距"均大于1。

3. 企业规模

企业规模用各行业的本土企业"总资产"来衡量。总资产数据可以由《中国工业统计统计年鉴》直接获得。

（二）计量结果与分析

首先，按照行业资本密集度、技术差距和企业规模三个行业特征变量对企业总样本进行分组，然后对分组后的样本数据进行回归分析，考察行业特征对产品内国际分工下的技术进步效应产生的影响，回归结果分别见表2-8、表2-9和表2-10。

表 2-8 　　　　　　　　　　　　　　　行业资本密集度的影响

解释变量	回归结果	
	行业资本密集度较小组	行业资本密集度较大组
截距项（C）	-3.935102 *** (-9.319137)	-5.158325 *** (-12.04895)
国内研发投入 （$\ln RD_{it}$）	0.017893 (0.293156)	0.169130 *** (2.889824)
国内研发滞后一期 （$\ln RD_{it-1}$）	-0.109753 * (-1.787793)	0.191556 *** (3.477495)
中间产品进口 （$\ln IM_{it}$）	0.455649 *** (4.076644)	0.379478 *** (4.333358)
FDI 溢出 （$\ln FDI_{it}$）	0.101616 (0.863731)	-0.373807 *** (-2.810994)
R^2	0.968612	0.970815
AD-R^2	0.958954	0.961835
F 值	100.2934	108.1097
P（F）	0.000000	0.000000

注：***、* 分别代表显著性水平为1%、10%；模型估计值括号内为相应的 t 检验值。

表 2 - 9　　　　　　　　　　技术差距的影响

解释变量	回归结果	
	技术差距较小组	技术差距较大组
截距项（C）	− 5. 244342 *** （− 14. 99604）	− 2. 959030 *** （− 6. 940471）
国内研发投入（lnRD$_{it}$）	0. 113201 ** （2. 505312）	0. 048191 （0. 584706）
国内研发滞后一期 （lnRD$_{it-1}$）	0. 131613 *** （3. 212307）	− 0. 023918 （− 0. 297513）
中间产品进口 （lnIM$_{it}$）	0. 380880 *** （5. 885181）	0. 376653 ** （2. 304975）
FDI 溢出 （lnFDI$_{it}$）	− 0. 152565 （− 1. 471264）	− 0. 089652 （− 0. 522619）
R^2	0. 987753	0. 941207
AD-R^2	0. 983984	0. 923117
F 值	262. 1174	52. 02868
P（F）	0. 000000	0. 000000

注：***、** 分别代表显著性水平为 1% 、5% ；模型估计值括号内为相应的 t 检验值。

表 2 - 10　　　　　　　　　　企业规模的影响

解释变量	回归结果	
	企业规模较小组	企业规模较大组
截距项（C）	− 3. 826620 *** （− 12. 07303）	− 6. 003519 *** （− 7. 035629）
国内研发投入（lnRD$_{it}$）	0. 002707 （0. 058238）	0. 154769 （1. 504129）
国内研发滞后一期 （lnRD$_{it-1}$）	0. 000260 （0. 005557）	0. 284476 ** （2. 442919）

续表

解释变量	回归结果	
	企业规模较小组	企业规模较大组
中间产品进口 （lnIM$_{it}$）	0.329291 *** （4.436847）	0.366047 ** （2.351512）
FDI 溢出 （lnFDI$_{it}$）	0.180446 * （1.944093）	− 0.400337 * （− 1.871565）
R^2	0.978819	0.958850
AD-R^2	0.972301	0.946189
F 值	150.1865	75.72975
P（F）	0.000000	0.000000

注：*** 、** 、* 分别代表显著性水平为 1% 、5% 、10% ；模型估计值括号内为相应的 t 检验值。

1. 行业资本密集度

针对以行业资本密集度特征的分类样本进行回归分析。表 2 - 8 的分析结果表明在行业资本密集度较小和较大的两组中，中间产品进口对本土企业全要素生产率的影响均显著为正（两组显著水平均为 1% ）。与资本密集度较小组比较，资本密集度较大组中间品进口的系数相对较小，这可能由于目前我国本土企业虽然积极参与中间品进口，但主要是基于国内的要素禀赋比较，用廉价劳动力来代替资本的投入，无法发挥资本密集型企业在参与中间品进口时获得技术溢出的优势，反而不能有效地提高企业的生产效率和技术水平。

在资本密集度较大组中，FDI 对本土企业全要素生产率具有显著的负向影响，在资本密集度较小组中，FDI 则对本土企业全要素生产率没有产生显著影响。这可能由于与本土企业相比，外资企业在利用和调度国际资本方面拥有更强大的实力，因此只有在资本密集程度相对较低的行业，本土企业才能有效地通过各种渠道获得明显的 FDI 技术溢出效应。其他学者针对资本密集度这一行业特征的技术溢出影响研究也证实了这一点，科科（1999）利用"专利付费程度"及"外资企业的资本密集程度"两个行业指标对研究对象进行分组实证研究，研究结果表明，只有在专利付费程度较小及资本密集度较低的行业中，FDI 对相关行业才具有正向的技术溢出效应。

在资本密集度较大组中，国内研发当期投入及研发滞后一期投入均对本土企业全要素生产率产生显著的正向影响（显著水平为1%），其中研发滞后一期投入产生的影响大于研发当期投入的影响；而资本密集度较低组中，只有研究滞后一期投入对本土企业技术进步产生正向作用，而研发当期投入并未产生显著影响。说明在资本密集度较高的行业中，对国内研发投入的使用效率及重视程度较高，同时政府对资本密集型产业的政策倾向，也在一定程度上提高了国内研发的力度和有效性。

2. 技术差距

按照外资企业与本土企业技术差距进行分组，然后分别对分类样本进行回归分析。

从表2-9的回归分析结果来看，在技术差距较小组中，中间品进口、国内研发当期投入及研发滞后一期投入均对本土企业全要素生产率产生显著的正向影响，FDI的影响则不显著；在技术差距较大组中，除了中间品进口，其他解释变量对本土企业技术进步的影响均不显著。这说明，当外资企业与本土企业的技术差距较小时，国内研发投入和进口中间品有利于本土企业技术水平的提高。因为技术溢出过程本质上是一个学习过程，只有当本土企业通过学习缩小了与跨国公司的技术差距，或者跨国公司实施的技术较为简单时，本土企业才能在与其接触过程中不断进行模仿、改进，通过积极有效的技术学习提高自身技术水平。反之，当两者的技术差距过大时，本土企业缺乏对先进技术的理解、消化、吸收能力，因此更无法实现技术学习和追赶。

无论技术差距较大组还是技术差距较小组，FDI对本土企业全要素生产率的影响均不显著。这可能因为，与本土企业通过中间品进口的方式产生投入产出效应，或者边进口边学习等途径获得技术溢出和技术进步效应不同，FDI对本土企业技术溢出的一个最重要的途径是通过竞争效应。本土企业与外部企业之间巨大的技术差距产生的竞争压力迫使本土企业加快新技术的使用，不断提高生产效率，促进技术进步。然而，一些学者（孟亮等，2004）认为外资公司拥有先进的生产技术，较高的产品质量优势吸引了更多的需求者，挤占了本土企业市场，迫使其降低产能并因而增强成本，因此外商投资企业给本土企业带来的竞争压力在短期可能会对本土企业的生产力水平及技术提升造成负面影响。其他学者关于技术差距与技术溢出效应之间存在一个发展门槛的观点（Borenztein et al.，1998）也在一定程度上解释了这一现象，即东道国本土企业只有在经过积累提升技术能力、掌握一定程度的技术能力，缩小了与外资企业之间的技术差距时才能跨越这个门槛，有效地促进本国技术溢出。但由于我国本土企业的现有技术能力和技术水平还普遍较低，技术提升空间还较大，所以在实证研究中技术差距对企业技术进步的影响效应未能体现。

3. 企业规模

按照企业规模对全部样本进行分组，然后分别对分类样本进行回归分析。从表 2-10 的回归结果看出，无论企业规模较小组还是规模较大组，中间品进口对本土企业全要素生产率均产生显著的正向影响，规模较小组的显著性水平和 t 检验值均高于企业规模较大的一组。

企业规模较小组，FDI 对本土企业全要素生产率产生显著的正向影响，而企业规模较大组，FDI 对本土企业全要素生产率则产生显著的负向影响。这一结果可能是由于，在行业内企业规模普遍较小的一组中，本土企业与外资企业的规模差距不大，与外资企业竞争能力相当，更能有效利用 FDI 的技术溢出效应实现技术学习和转移，并提高自身技术水平，而在企业规模较大的行业中，本土企业与外资企业竞争实力差距较大，市场易于被外资企业掠夺，本土企业因此失去技术学习的机会。

产品内分工作为一种新的分工模式，其内涵与外延已经超越了传统的以产品为基本对象的传统分工形式。随着这种建立在中间品贸易和 FDI 基础上的新型国际分工的不断深入，我国本土企业参与产品内国际分工的程度不断加深，并且还有不断发展的趋势，这种趋势对企业以全要素生产率衡量的技术进步具有积极的推动作用。

从实证分析的结果来看，中间品贸易和 FDI 两种产品内国际分工的具体途径对本土企业技术进步的推动力度有所不同，中间品进口的促进作用明显大于FDI，其对本土企业全要素生产率的影响效应几乎是 FDI 影响效应的 90 倍，FDI 对本土企业技术进步的推动作用非常小。此外，产品内国际分工对本土企业技术进步的推动作用还受到许多因素的影响，行业资本密集度、技术差距、企业规模三个行业特征变量对本土企业技术进步的影响效应不同。

第三节　全球生产网络对本土企业技术创新产出效率的影响效应

本章的前一部分就产品内国际分工对本土企业进步的影响效应进行分析，从中间品贸易和 FDI 两方面做了实证分析。但在研究设计上还存在两方面的不足：

一是研究将中间品进口贸易作为主要因素来解释国际贸易对技术进步的影响。模型假设认为以中间品和先进设备等商品进口为渠道的"物化型"技术溢出是促进技术进步的重要渠道，出口对一国技术进步的影响较小，因此对出口不予考虑。但事实上，出口贸易是我国国际贸易的重要形式，而且发展中国家企业的出口可能引发的"边出口边学习"的积极效应，因此无法简单忽视。

二是考察产品内国际分工对中国本土制造企业技术进步的影响时，模型中选择全要素生产率（TFP）作为技术进步的指标，但事实上生产率提升无法完全准确地衡量本土企业的技术创新产出，因此可能无法反映技术进步的真实情况。

本部分的研究在前部分研究的基础上，进行了以下两个方面的改进：一是对技术进步的测度并未简单采用生产率或者产出指标，而是以技术创新产出效率指标（以新产品销售收入占主营业务收入比重计算）代替，更好地反映了技术创新能力和产业升级情况；二是同时将不同技术溢出渠道对技术进步的影响放在同一个模型中考虑，既考察包括进口贸易和出口贸易在内的国际贸易对技术进步的影响，还考察外商直接投资（FDI）对技术进步的影响，可以更加全面地反映全球生产网络对中国制造业技术进步的影响。

一、计量模型及数据来源

（一）模型构建

技术创新过程是创新主体在特定的内外部环境下，利用研发投入和研发人员等将知识、技能和其他要素转化为顾客需要的产品的过程，本质上是一个知识产生、创造和应用的进化过程。随着我国参与全球生产网络程度的提高，技术创新产出不仅受到自身研发投入要素（包括研发经费支出和研发人员）的影响，还需要考虑一个额外的技术决定因素，就是国际技术溢出带来的影响。全球生产网络下的技术溢出渠道包括 FDI 和国际贸易两种，其中国际贸易又可以从进口贸易（IM）和出口贸易（EX）两个方面考虑，基于以上考虑，本研究以东道国的技术创新产出作为因变量，构建如下回归模型：

$$\lambda_{it} = \beta_0 + \beta_1 RD_{it} + \beta_2 RDP_{it} + \beta_3 FDI_{it} + \beta_4 IM_{it} + \beta_5 EX_{it} + \alpha_i + \varepsilon_{it} \quad (2.11)$$

其中 λ 代表技术创新效率产出；RD 代表研发经费支出；RDP 代表研发人员；FDI 代表外商直接投资；IM 代表进口；EX 代表出口；α_i 为行业固定效

应，体现各行业之间差异的非观测效应；ε_{it} 是随机误差项；i 代表不同行业，t 代表不同的年份。

（二）变量选择与数据来源

考虑到 1998 年和 2008 年前后，我国对工业行业数据的统计口径发生了变化，为了数据的连续性和统一性，将研究样本选择的时间段定在 1999 ~ 2007年，利用中国制造行业的面板数据进行回归分析。各个变量的具体含义及描述性统计值见表 2 – 11。

表 2 – 11　　　　　　　　　变量说明及描述性统计

变　量	缩写	含　义	描述性统计			
			均值	标准偏差	最大值	最小值
技术创新产出效率	λ	新产品销售占主营业务收入比重	12.55	8.54	45.83	1.40
研发支出	RD	R&D 经费占主营业务收入比重	1.42	0.79	3.60	0.12
研发人员	RDP	科技活动人员占从业人员比重	4.16	2.58	11.99	0.4
外商直接投资水平	FDI	外资企业产品销售收入占全行业产品销售收入比重	32.96	17.67	83.58	0.28
进口贸易	IM	进口贸易占全行业总产值比重	32.22	38.89	253.69	0.12
出口贸易	EX	出口贸易占全行业总产值比重	34.55	40.52	95.57	0.37

其中，出口数据来自联合国 UN COMTRADE 数据库，并参照盛斌（2002）归纳的国际贸易标准分类（SITC3.0）与我国工业行业对应关系汇总整理得到。各行业的进、出口数据来自联合国 UN COMTRADE 数据库，同前一部分同样参照盛斌（2002）归纳的国际贸易标准分类（SITC3.0）与我国工业行业分类标准（CICC）之间的对应关系，选取 27 个行业作为样本①。另外，由于原始的贸易数据都是以美元价表示，需要将其转换成人民币价，按照每年

---

①　由于缺少相关进出口数据，我们将电气机械行业删除。27 个制造行业如下：食品加工业、食品制造业、饮料制造业、烟草加工业、纺织业、服装及其他纤维制品制造业、皮革、毛皮、羽绒制品制造业、木材及竹藤棕制品业、家具制造业、造纸及纸制品制造业、印刷业、文教体育用品制造业、石油加工及炼焦业、化学原料及化学品制造业、医药制造业、化学纤维制造业、橡胶制品业、塑料制品业、非金属矿物制品业、黑色金属冶炼加工业、有色金属冶炼加工业、金属制品业、普通机械制造业、专用设备制造业、交通运输设备制造业、电子及通信设备制造业、仪器仪表及办公用品制造业。

平均的人民币对美元的汇率进行转换。其他全部数据均来源于各年度的《中国科技统计年鉴》。

二、实证分析

(一) 中国制造业技术创新产出效率的描述性分析

表2-12列出了中国制造业1999~2007年技术创新产出效率。1999~2007年中国制造业技术创新效率最高的行业是交通运输设备行业，λ值高达40%左右；然后是普通设备和专用设备行业，λ值在26%左右；再然后是通信计算机及电子设备、橡胶制品、仪器仪表及办公设备和医药行业，λ值在20%左右。而在此期间技术创新效率较低的行业则分别为食品加工和制造、文教体育、纺织服装鞋帽、皮草制品和木材加工制造等行业。

表2-12 中国制造业技术创新产出 (λ)

类 别	1999年	2000年	2001年	2002年	2003年	2004年	2005年	2006年	2007年
食品加工	2.2	2.3	3	2.9	2.1	1.8	2.8	3.7	4.9
食品制造	6.1	7.2	5	5.7	6	5	5.8	8.4	9.4
饮料制造	10.6	7.8	6	7	7.2	8.9	8.3	10	10.8
烟草制品	3.4	4.4	4.4	7.5	7.5	10.2	10.8	9.1	13.9
纺织	10.4	10.2	9.7	11.6	9.9	7.2	9.8	9.4	9.5
纺织服装、鞋、帽	5.1	8.8	9.8	11.7	5.9	5.6	9.9	6.5	8.3
皮草、毛皮及制品	5.8	8.5	13.8	10.5	5.5	5.6	7.4	6.8	7.5
木材加工及制品	4.5	11.2	7.1	2.9	4.5	4.6	13.3	10.6	8.8
家具	3.1	12.6	12.1	11.3	4.2	6.2	9.5	9.6	10.1
造纸及纸制品	8.3	12.0	12.2	12.8	14.5	8	6.3	14.1	13.4
造纸	7.0	10.9	9.8	5.5	5.4	4.4	8.6	9.7	10.5
文教体育用品	10.5	10.9	8.3	8.2	5.1	5	7.1	6.8	7.4
石油加工、焦炼及核燃料	6.3	7.4	5.1	3.7	2.3	2.1	4.2	4.5	5.3
化学原料及化学制品	10.3	10.5	9.9	11.6	9.8	9	11	10.7	12.7
医药	13.4	15.1	15.7	13.1	16	16	17.9	19.1	19.7
化学纤维	10.7	13.3	19.3	18.5	14.6	11.7	21	17.1	15.9
橡胶制品	13.6	15.0	13.1	12.6	14.9	14.5	22.5	20.3	21.4

续表

类　　别	1999 年	2000 年	2001 年	2002 年	2003 年	2004 年	2005 年	2006 年	2007 年
塑料制品	12.7	13.9	12.8	10.3	9.3	6.5	9.4	10.1	10.6
非金属矿物制品	7.2	9	6	5	5.6	4.7	8.1	7.8	7.9
黑色金属冶炼及压延	6.1	10.5	9.5	12.6	10.6	11.3	12.4	13.3	14.0
有色金属冶炼及压延	5.5	7.2	7.1	9	7.4	6.4	13.2	13.9	11.8
金属制品	9.8	9.1	8.5	8	6.7	4.7	8.7	8.7	10.4
普通设备	22.8	24.5	24.6	28.3	23.7	15.7	26.7	25.8	26.6
专用设备	23.4	23.9	25.1	24.7	23.3	16.1	23.9	24.5	26.2
交通运输设备	31.9	36.3	38.2	38.5	38.4	33.3	36.5	41.9	40.6
通信、计算机及其他电子设备	36.6	45.8	37.4	37.8	28.3	24.7	25.1	24.1	24.9
仪器仪表及文化办公用机械	19.7	21.9	17.3	20.7	12.9	15.1	14.8	14.9	19.6

　　总体来看，中国制造业 1999~2007 年劳动密集型产业的技术创新产出较低，而资本（技术）密集型产业的技术创新产出则相对较高（见图 2-4）。从变化趋势上看，1999~2007 年中国制造业各行业技术创新产出在大多数年份呈上升趋势，但不同行业间存在较大差异。其中技术创新效率增长最快的行业是烟草制品、木材加工、家具、黑色金属和有色金属冶炼等行业，提高了 1 倍以上；技术创新效率表现出下降的趋势的行业是通信及计算机行业，约下降了一半左右。

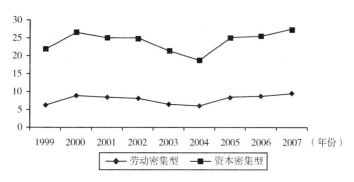

图 2-4　1999~2007 年中国制造业技术创新产出变化趋势

（二）回归分析

针对中国制造业全部行业技术创新效率影响效应进行分析。首先进行固定效用和随机效应选择，采用霍斯曼（Hausman）检验法，表 2 – 13 在给出霍斯曼统计量的同时也列出了接受原假设（随机效应）的概率，当概率低于 0.05 时，拒绝原假设采用固定效应模型，当概率高于 0.05 时，接受原假设采用随机效应模型。

表 2 – 13　　　　　　　　　　全部行业回归分析结果

变　量	I	II	III
RD	2.734 ***	2.989 ***	2.974 ***
	(4.926)	(5.660)	(5.585)
RDP	1.452 ***	0.821 ***	0.849 ***
	(7.695)	(3.068)	(2.496)
FDI	0.036		0.531
	(0.008)		(0.899)
FDI ×RDP	− 1.643 *	1.693 ***	1.630 ***
	(− 1.359)	(3.510)	(2.527)
IM	0.211	− 2.038 **	− 2.008 **
	(0.878)	(− 1.957)	(− 1.896)
EX		0.214	0.209
		(0.969)	(0.939)
R^2	0.945	0.569	0.567
修正的 R^2	0.937	0.56	0.556
F 值	116.68	62.238	51.316
Hausman 检验	11.177	9.121	10.168
Prob > H 值	0.048	0.104	0.118
适用模型	固定效应模型	随机效应模型	随机效应模型
样本数	242	242	242

注：* 、 ** 、 *** 分别表示统计变量在 10% 、5% 、1% 水平下显著。

从表 2-13 的回归分析结果，可以发现以下几点：

首先，研发支出和研发人员在促进我国制造业技术创新产出效率方面起了重要作用。表 2-13 中的第 I 列显示研发经费支出和研发人员对中国制造业技术创新效率的影响为正，且非常显著，并且研发经费支出的估计系数高于研发人员的估计系数。

其次，单独的 FDI 并未对中国制造业技术创新产出效率具有显著影响，只有当 FDI 与东道国的人力资本交互作用时，才会对技术创新产生显著的正作用。表 2-13 中的第 I 列显示，FDI 对技术创新产出的回归系数虽然为正，但并未通过显著性检验，这也与众多实证研究结果所得出的"FDI 对当地的技术溢出效应是不确定的"结论相一致。考虑到造成这一结果的原因可能与当地企业的吸收能力有关，在第 II 列和第 III 列中增加了吸收能力变量，该变量采用以人力资本代表技术溢出接受国吸收能力和做法，用 R&D 人员占从业人员比重与行业 FDI 的连乘项表示，回归结果当 FDI 与东道国的人力资本交互作用时，会对技术创新产生显著的正作用。

再次，进口贸易对中国制造业技术创新产出效率具有显著的负面影响。这一结果与前一部分将中间品进口贸易作为主要因素来解释技术进步的结论有所不同，导致这一差异的主要原因是因变量选择上的不同。前面的研究是针对进口贸易对全要素生产率的影响进行考虑，而非针对技术创新产出的影响进行研究。由于中国制造业大多通过"代工""贴牌"的方式参与全球制造分工体系，这种参与方式可能导致进口贸易对全要素生产率和技术创新产出带来的影响并不一致，即中国制造业在从设备和中间品进口贸易中获得全要素生产率水平提升的同时，这类先进的技术、资本密集型的设备和中间品却令本土制造业产生对发达国家先进和关键生产装备设备及具有核心技术的中间产品的依赖，因此并不能增强反而会抑制企业的技术创新和技术创新产出。

最后，出口贸易对中国制造业技术创新产出效率的影响虽然为正，但并未通过显著性检验。针对出口贸易对技术创新产出效率的影响效应无法确定这一结论的解释，可以归因于中国制造业的出口产品大多为劳动密集型制成品，通过进口零部件进行加工组装，严重依赖于劳动力、土地等要素低廉的价格优势，缺乏自主技术创新的原动力，因此并不能引发其"边出口边学习"的行为，从而无法获得更多的技术溢出和技术进步。

（三）进一步检验

在对技术创新产出影响因素进行回归分析后，将全部制造行业分为资本（技术）密集型与劳动密集型两组进行进一步检验，进而考察在全球生产网络背景下对行业技术创新产出效率的影响因素在两组样本之间是否存在差异。分组后的回归分析结果见表 2 - 14。

表 2 - 14　　　　　　　　　　行业分组的回归分析结果

变　　量	资本/技术密集型	劳动密集型
RD	3. 235 *** (5. 161)	2. 586 *** (2. 691)
RDP	− 0. 066 (0. 415)	3. 004 *** (4. 477)
FDI	− 17. 157 ** (− 2. 049)	12. 943 ** (2. 495)
FDI ×RDP	3. 097 *** (4. 076)	− 4. 519 ** (− 2. 546)
IM	− 5. 216 ** (− 2. 202)	2. 543# (1. 424)
EX	1. 299 (0. 456)	0. 183 (0. 814)
R^2	0. 962	0. 381
修正的 R^2	0. 956	0. 344
F 值	145. 125	10. 255
Hausman 检验	13. 984	4. 124
Prob >H 值	0. 0298	0. 660
适用模型	固定效应模型	随机效应模型
样本数	135	107

注：# 、** 、*** 分别表示统计变量在15%、5%、1%水平下显著。

　　从资本（技术）密集型和劳动密集型两个组的回归分析结果的比较来看，可以发现：

　　第一，劳动密集型行业中研发支出和研发人员对技术创新产出效率的影响均显著为正，资本/技术密集型行业中只有研发支出对技术创新产出效率的影响显著为正，研发人员对技术创新产出效率的影响则未通过显著性检验。这说明劳动密集型行业研发支出与研发人员均对技术创新效率产生较大影响，但资本/技术密集型行业技术创新效率则主要取决于研发支出。

　　第二，在 FDI 对技术创新产出的影响方面，资本/技术密集型行业和劳动密集型行业的回归分析结果产生了极大的差异。在资本/技术密集型行业，FDI 对技术创新产出的影响是负的，而在劳动密集型行业影响却为正，且均通过了显著性检验。造成这一结果的原因，可以解释为：在资本/技术密集型行业市场竞争所要求的竞争能力体现为"高端的技术"或"有资本能力支持的规模经济"，通常情况下东道国企业会居于明显弱势，外资企业与内资企业往往不可能发生非常充分的竞争[1]；相反，如果外资进入的行业并不是完全依赖于强大的技术和资本能力的劳动密集型行业，则本土企业就未必处于劣势，其与外资企业的竞争能力就可能相近，这种情况下，竞争会是相对激烈和充分的。这样在激烈竞争的劳动密集型行业，本土企业就更可能由于能力的差距不大而努力在竞争的压力下积极进行技术创新来保全自己的市场份额，这种相互竞争的结果会更可能导致积极的溢出效应。

　　第三，研发人员占从业人员比重与行业 FDI 的连乘项对技术创新效率的影响，两组也出现了差异，在资本/技术密集型行业产生了显著的正效应，而在劳动密集型行业却产生了显著的负效应。这可以理解为在资本/技术密集型行业只有与人力资本交互作用，才会对技术创新产生显著的促进效应，而劳动密集型行业人力资本不仅没有促进 FDI 溢出效应，反而产生了负面影响，这也可以再次印证劳动密集型行业 FDI 技术溢出与东道国的人力资本存量没有关系。

　　第四，在进口贸易对技术创新效率的影响方面，两组也产生了明显不同。在资本/技术密集型行业产生了显著的负效应，而在劳动密集型行业却产生了正效应。这也再次证明了我们对技术、资本密集型资本品和中间品的进口会导

---

　　[1]　资本（技术）密集型行业非常可能的状况是，要么本土企业与外资企业不在一个细分市场上竞争；要么本土企业由于能力的悬殊而被迫退出市场。在任何一种状况下本土企业所面临的来自外资的竞争压力都不是直接的或是较为短暂的（陈涛涛，2003）。

致发展中国家对发达国家先进和关键生产装备设备及具有核心技术的中间产品引进的依赖，不能增强反而会抑制企业的技术创新和技术创新产出，而这一问题在劳动密集型行业却并不存在。同样，出口贸易对技术创新产出的影响在两组均未通过显著性检验，因此是不确定的。

三、小结

通过实证研究发现，1999～2007 年的中国制造业技术创新产出效率大多处于上升趋势，但不同行业间存在较大差异，总体来看劳动密集型产业的技术创新产出效率较低，而资本/技术密集型产业则相对较高。研发支出和研发人员对技术创新产出效率产生了非常显著的促进作用，尤其是研发支出促进作用更为突出；出口贸易和技术创新产出效率关系并不显著，进口贸易在资本（技术）密集型行业对技术创新产出效率产生了显著的负面影响，而在劳动密集型行业却有一定的促进作用；外商直接投资的影响则较为复杂，且在不同类型行业中表现差异较大，在资本/技术密集型行业外商直接投资对技术创新产出效率的直接影响是显著为负，而在劳动密集型行业则为正，但考虑到人力资本（吸收能力）则发生了相反的变化。

按照国际贸易中的比较优势原理，拥有丰富的低廉劳动力资源但技术水平相对较为落后的中国制造企业，大多从事劳动密集型制成品的加工组装并出口到国外，同时中国从发达国家大量进口技术密集型产品。从实证研究中可以看出，单纯地依赖从国外进口技术领先的设备和具有核心技术的中间品没有为中国制造行业技术效率提升带来积极的影响，甚至在资本/技术密集型行业中给技术进步带来显著的负面影响，中国制造业并未从出口贸易中获得更多的技术溢出和技术进步，反而进一步陷入并被"锁定"在全球生产网络中的价值链低端环节。因此，改变中国制造业参与全球生产网络的模式非常必要，尤其是要改变过度依赖外商直接投资和以加工贸易为主的贸易、投资与生产的传统模式，加大自身的研发投入，充分吸收从发达国家转移和外溢的技术知识。企业的发展重点应转向生产和出口高附加值产品的新型工业化升级道路，进而在全球化生产体系中获得更高的地位。

第三章　全球生产网络下本土企业
升级机制的理论构建

　　前一章的研究表明，中国本土制造企业通过嵌入产品内国际分工中，虽然在一定程度上促进了全要素生产率的提升，但对技术创新产出方面的影响却并不显著，甚至某种程度上具有一定的负面影响。因此，可以说嵌入全球生产网络无法使本土企业通过国际贸易或者外商投资的方式，简单直接地获取技术溢出或技术进步。因此，如何实现本土制造企业升级，当勿之急应弄清楚全球生产网络背景下发展中国家本土企业的升级机制。

　　全球价值链分析模式引入企业升级理论研究中，有利于揭示发展中国家特别是新兴工业化国家在新的全球分工体系中如何承接产业转移和产业升级，对于促进全球生产网络背景下发展中国家本土企业提升国际竞争力具有重要的理论意义。目前理论界普遍认可企业升级是通过获得技术能力和市场能力改善企业竞争能力，进而在全球价值链中从事高附加值活动的过程。虽然在企业升级概念界定上已经形成共识，但理论界在企业能力构建与价值链升级之间的内在关系以及全球生产网络对发展中国家后进企业升级的作用机制方面缺乏更为深入的研究，因此企业升级这个"黑箱"并未真正打开。

　　本部分选取典型中国本土制造企业，通过对企业升级进行案例研究，由内而外地对全球生产网络背景下中国本土企业升级展开分析，首先从微观层面深入探讨企业升级的本质及内在机理，然后将企业生产经营类资源要素与外部网络环境结合起来，分析影响企业升级的关键因素，构建全球生产网络背景下中国本土企业升级机制的理论模型。

第一节　文献回顾

一、全球生产网络与企业升级

位于领先地位的发达国家跨国公司出于降低生产成本及迅速地获取互补性资源、能力和知识的目的构建了全球生产网络，为发展中国家本土企业与领先企业建立网络联结提供了机会，本土企业可以在全球范围内分享有价值的资源，进而摆脱内部资源稀缺的限制。马修（Mathews，2002）提出了"后进企业"（latecomer firm）概念，指出发展中国家本土企业虽然面临着技术与市场的双重劣势，但仍然可以通过反复运用联系、杠杆化和学习实现技术追赶。研究表明，全球生产网络为后进企业获取资源、提升竞争力与实现升级提供了战略性机遇：通过进口中间产品、签订外包契约、与跨国公司建立联系等路径充分实现规模经济、比较优势和投入产出效应，并获得学习模仿等技术溢出机会。在这一背景下，已有的文献从全球价值链的视角展开对于升级相关问题的研究，认为后进企业通过嵌入到全球价值链，从最初进口零部件组装到整个生产过程，再到产品设计，进而在地区或全球市场销售自主品牌的产品，在这一过程中企业的技术能力和市场能力得到提升，其在全球范围内的竞争能力不断增强，实现企业的价值链升级。

由此可见，企业升级本质上是企业在高附加值和高技术含量的价值链高端活动能力不断增强，有能力在全球价值链中从事产品设计、品牌营销等高附加值活动的过程。基于这一概念，除全球价值链外企业升级的另一个视角从企业能力观展开。恩斯特和金姆（2002）认为全球生产网络下先进知识会向发展中国家本土企业扩散，这促进了本土企业能力的构建。企业能力视角下的升级研究认为本土企业是在不断对内外部资源能力进行构建、调整、整合和重构中最终实现升级的。

但是遗憾的是，由于本土企业与主导领先厂商的力量关系（power relationship）的不均等和不对称，许多本土企业在全球生产网络中无法避免地陷入了"升级困境"。大量以"代工"方式"嵌入"到全球价值链中的发展中国家本土企业，仅仅被允许按照发达国家主导企业的全球战略意图进行有限的产品与工艺的改良与创新，其主动寻求高附加值活动的努力由于侵犯到领先企业的利益遭遇到抵制，其结果导致本土企业产生更强的路径依赖和更高的经营风险，在快速过程升级和产品升级的同时，无法实现更高级别的功能升级和链升级。因此，如何有效突破全球生产网络中的"升级困境"，实现持续升级是发展中国家本土企业的一个重大挑战，针对这一问题有学者指出本土企业与主导厂商之间不对称的力量关系同时也是复杂的、动态的和脆弱的，拥有正确战略意图的本土企业完全有可能通过利用双方力量关系的脆弱特征，成功突破阻碍，实现升级（Tokatli & Kizilgün，2004）。

全球价值链视角与企业能力视角下分别从企业外部环境和内部能力两个方面进行分析，二者是相互补充的。从已有的研究成果来看，学者们更侧重于全球价值链治理模式、全球价值网络等外部因素对企业升级路径的影响，部分研究涉及本土企业与国外领先企业的关系层面上，但企业内部要素对企业升级影响的研究相对较少，尤其是未对发展中国家本土企业能力构建以及与此相关的升级作用机制进行更为深入的研究，因此企业升级这个黑箱并未真正打开。

二、企业资源

资源基础观（RBV）将战略研究的重点从外部环境转向企业内部，以企业拥有和开发的独特资源的角度来理解企业的获利和成长，力求从企业的本质来解释竞争优势根源。该研究领域的学者对资源进行了界定和分类，但由于研究目标不同，不同学者对资源的界定亦存在较大差异。如沃那菲尔特（Wernerfelt，1984）将能给企业带来任何优势或劣势的有形或无形的东西都视作企业资源，如物质资源、人力资源和组织资源；巴尼（Barney，1986）则认为能够提高企业效率和效益的都是组织资源；格兰特（Grant，1991）从资源和能力之间的差别来定义资源，认为资源是生产过程中的投入物。企业能力则被认为是企业利用资源的能力，其中有代表性的是普拉哈德和哈默（Prahald & Hamel，1990）提出的核心能力这一概念，即"组织中的积累性常识，特别是关于如何协调不同的生产技能和有机结合多种技术流派的学识"，具有价值、稀缺、无法完全模仿和无法替代等特征，为企业带来持续竞争优势。之后的学者们从核心能力进一步发展到对吸收能力、综合能力再到动态能力的研究，关于企业竞争优势根源的解释逐渐由静态化趋于动态化。

从已有的研究看，有关资源的界定存在两种不同的观点，一种未对能力与资源进行区分，另一种则直接将能力从资源范畴中分割出去。后一种方式忽略了能力作为资源的一部分，割裂了资源构成要素彼此之间的关系，将资源视作静态的要素，无法体现资源作为企业竞争优势来源的本质特征。鉴于此，本研究在对资源进行界定分类时将能力一并考虑进来，采取了更加广义的资源定义。这也与耶欧和罗斯（Yeoh & Roth，1999）和罗辉道（2005）的研究相一致，前者在对企业资源的广义界定下，建立了资源—能力—持续竞争优势的研究框架，后者则指出广义资源分类能够更好地将从企业资源本身出发和从企业资源与竞争优势之间的关系出发结合起来。

第二节　研　究　设　计

一、研究方法

本研究目标是探索企业的升级机制，这是一个有关"how"的问题，具有一定的描述性和探索性特征，适合采用案例研究的方法。在单案例与多案例研究之间，选择了探索性多案例研究，这是因为多案例研究建立在多次重复"准实验"的基础上，通过反复检验得出结论，提高了研究的可靠性、增加了研究结果的普适性，更适合于理论构建研究。在具体的研究技术上，选择了扎根分析技术，基于扎根理论的操作程序对原始资料进行编码分析、范畴提取和归纳演绎，在不同案例间反复验证以寻找共性，通过质化研究数据的比较分析，最终形成本土企业升级机制的理论模型。

二、案例研究对象的选择

本研究制定和遵循以下的案例对象选择标准[①]：一是本研究背景为全球生产网络，所选企业均为本土制造企业（不包括外资或者合资企业），并且要求企业必须与国外企业在业务或者技术上有过合作经历；二是所选企业在全球范围内合作及运营有相当长一段时间，已经实现了某种形式的升级，为达到多重检验的效果，本研究所选企业的年龄、规模、业绩均有所不同，方便同时兼顾相对落后企业和领先企业；三是调查对象企业覆盖了医疗器械配件、化工、装备制造、电子信息等多个制造行业，具有一定的行业分散度和代表性，使结论更加具有普遍意义。

---

① 按照 Eisenhardt（1989）的建议认为 4～10 个案例是从现象中发现概念提出命题比较合适的数量，选择 5 家本土企业作为案例研究对象。在案例的选择上本研究采用理论抽样的方式，有意识地选择符合研究要求的企业。

在确定调查对象之前，首先进行了二手资料的收集，通过企业及相关网站、报纸杂志等公开出版物查询可能的调查对象的生产经营、国际业务等相关信息，在初步确定企业符合本研究的基本要求后，通过向企业内部人员询问有关企业产品、市场以及企业升级的基本情况，确认其是否符合本研究对案例对象的选择标准。在调查对象的筛选上，遵从了可重复性的原则。最终所选案例企业的基本情况见表 3 - 1。

表 3 - 1　　　　　　　　　　案例企业的基本情况

企业名称	AT	ZJ	HK	DH	WX
成立年份	2001	1996	1984	2001	1969
国际合作年份	2001	2002	2002	2003	1984
主营业务	医疗器械用电极片	密封胶系列的黏合剂	老化筛选、化成分选设备	安防视讯产品	汽车零部件开发制造
员工总数（人）	60	460	600	5000	30000
国外市场分布	美国、加拿大、印度尼西亚等	欧洲、北美、南美、东南亚、中东等	亚太、欧洲等	北美、欧洲、中东、亚太、拉美、非洲	欧洲、北美、南美、亚太等
国外供应商分布	日本、马来西亚	日本、德国等	美国、韩国、日本、德国、法国、荷兰等	—	—
国际竞争对手分布	日本、美国	日本、德国、美国	日本、韩国	日韩、美国、德国	北美、欧洲

（一）AT 公司

成立于 2001 年的 AT，是一家主营业务为生产医疗器械用电极片的医疗器械配件公司，近两年的销售额在 300 万 ~ 500 万元。AT 公司最初的目标市场为国内市场，但由于国内订单需求偏小，生产规模无法饱和，2001 年公司开始寻求国际合作。目前公司将销售重点转移到国外市场，客户集中在美国、加拿大、印度尼西亚等国家，公司最大的海外市场在美国，企业已经在美国设立了办事处，负责寻找客户、签订订单及售后服务。目前，企业所使用的生产设备是通过对国外领先企业的参观学习，自行模仿改进的；生产所需原材料主要来自马来西亚和印度尼西亚，国际市场竞争对手主要是美国和日本的企业。公司的产品质量在国内处于领先水平，但与其日本和美国的竞争对手相比，在产品质量和核心技术方面仍然缺乏竞争力。

（二）ZJ 公司

成立于 1996 年的 ZJ 有机硅化工公司，专门从事化工新材料的研发和生产，主要产品是用于建筑、汽车、机械等领域的密封胶系列产品，近两年公司销售额在 8 亿元以上。公司主打产品硅酮胶属于典型的"进口替代"产品，随着国内需求的迅速增加，包括 ZJ 在内的多家本土企业进入到这个行业中。ZJ 公司是国家首批认定的三家硅酮胶生产企业之一，多次在行业内获得"用户首选品牌""市场最佳表现"等荣誉。公司于 2002 年开始国际合作，从德国、意大利和美国引进了全球最先进的自动化生产线，原材料供应商分别为日本和德国的业内国际巨头，由于公司具有国际一流的工艺水平和领先的产品研发、创新和市场服务能力，产品远销至欧洲、北美、南美、东南亚、中东等地区。除了产品销售、原料采购和设备购买外，公司的国际合作还包括技术交流、合资办厂以及为国际巨头 OEM 代工等多种形式。

（三）HK 公司

成立于 1984 年的 HK 装备制造公司，主营业务为军工分立器件老化筛选设备和锂电池化成分选设备的生产，近两年的销售额大概在 2 亿~2.5 亿元。企业生产的老化筛选、化成分选设备产品在国内市场中居领先地位。公司于 2002 年开展国际联系及业务合作，目前已经与来自美国、韩国、日本、德国、法国、荷兰等国家的供应商建立合作关系，公司主要的海外客户分布在韩国、日本、新加坡、马来西亚、印度、德国等国，其中不乏全球知名大企业，产品在国际市场上也具有良好的知名度和美誉度。HK 以投标形式参与国际项目，国外客户通过对企业进行一系列论证和考察以确认企业是否具备成为其设备供应商的能力，在建立合作关系后，为更好地满足其特殊需求，国外客户通常会向企业提供一定的指导以帮助企业提高技术水平和产品质量。

（四）DH 公司

成立于 2001 年 DH 安防公司，是一家安防视讯产品研发制造商，生产包括视频存储、前端、显示控制和智能交通等系列化监控产品，公司年营业额近 70 亿元。DH 是一家在行业内颇具技术水平和规模实力的企业，在国内外市场均具有较高的知名度和市场占有率。公司自 2003 年开始国际业务，其营销和服务网络覆盖海内外，在北美、欧洲、中东、亚太、拉美、非洲等地区均建有营销和服务中心，与包括 Honeywell、Intel、SONY、ADI、TI、Seagate 等大型跨国公司在内的企业建立合作关系，公司国际合作除了向国外客户销售产品和提供解决方案外，还与国际知名企业签订了 OEM 代工合同及品牌代理合同。

（五）WX 公司

WX 集团成立于 1969 年，目前已经发展成为一家跨国企业集团，集团以制造与销售汽车零部件为主营业务，年营业收入逾千亿元。公司于 1984 年通过为跨国公司代工的方式开展国际合作，并逐渐与国际主流市场和先进技术接轨，随着公司技术与品牌实力的增强，WX 在全球范围内展开跨国并购，目前已经在美国、英国、德国等 10 个国家拥有近 30 家公司、40 多家制造工厂，海外员工过万人。集团在其主导产品上拥有全球最多的专利和最大的生产规模，是 GM、VW、Ford、Chrysler 等国际知名汽车公司的配套合作伙伴，国际市场占有率达 12%。除了为跨国公司提供产品外，WX 还与多家国外领先企业建立技术合作关系，获取与企业自身资源互补的国外优势资源，力图构建更宏大的发展格局。

三、数据收集

本研究遵循尹（Yin，2003）的建议，尽量从多个信息源来进行案例分析，通过一手资料采集和二手资料收集两种方式获取原始资料。

本研究通过实地走访案例企业并以半结构访谈的方式收集一手资料。由于研究的目的是了解企业在全球化背景下如何提升能力、实现升级，所涉及的问题关系企业整体经营状况，较为复杂，需要访谈对象能够对企业运营有全面、深入的了解，因此特意选择了在企业工作时间超过三年的中层以上管理者（如总经理、事业部经理、相关职能部门的经理）作为访谈对象。表 3-2 是访谈时间及受访对象的相关信息，本次访谈持续时间为 2012 年 8 月~2013 年 5 月。

表 3 - 2　　　　　　　　　　本研究的案例访谈情况

企业	访谈时间	访谈对象
ZJ 公司	2012 年 8 月 2012 年 12 月 2013 年 1 月	总经理助理 H 先生 海外贸易部经理 L 先生 技术中心主任 C 女士
HK 公司	2013 年 4 月 2013 年 3 月 2013 年 3 月	总经理 C 先生 中央所所长 S 先生 公司项目经理 G 先生
DH 公司	2013 年 5 月 2013 年 6 月	副总裁助理 Z 女士 研发中心经理 W 先生
WX 公司	2012 年 10 月	子公司生产部门经理 L 先生 销售经理 L 先生 经理助理 H 先生
AT 公司	2013 年 5 月 2013 年 5 月	总经理 H 先生 财务经理 Y 女士

　　访谈过程采用了开放式半结构访谈（访谈提纲见附录二），每个访谈对象平均时间约为1.5小时。为保证访谈的顺利进行，每次访谈都会确保至少两人参加，对于某些重要问题，主辅访谈者在访谈过程中会视情况进行追问，以便信息的深度挖掘。在征求访谈对象同意的情况下，我们采取现场笔录与录音同时记录访谈过程，以确保不遗漏任何内容并使访谈信息不会失真，在访谈结束后12小时内，对访谈记录进行整理和分析。为便于在研究过程中随时核对和完善补充所需要的信息，就产生的新问题作进一步沟通，访谈结束之后我们还会通过邮件、电话等形式保持与访谈对象的联系。

　　最终，将通过访谈获得的访谈笔记、录音资料等一手资料，与通过企业内部网站、宣传册、年度报告、业界新闻等多种渠道获取的与案例研究相关的二手资料相结合，最终形成原始资料数据库。

第三节　数据分析过程

　　在数据收集整理基础上，我们应用扎根理论对原始资料数据库进行编码分析，通过三级编码（分别为开放式、轴心式和选择式）来对资料进行深入挖掘，识别核心范畴的构念及范畴间的关系，自下而上建立理论。

一、一级编码（开放式编码）

开放式编码是进行数据分析的第一阶段，是将资料分解、提炼并赋予概念、再以新的方式重新组合起来即将归纳出来的概念进一步范畴化的过程。为摒弃个人"偏见"和已有研究的"定式"，需遵循对在数据资料中识别出任何理论的可能性保持开放的原则。由于开放式编码引导着后面阶段对于核心概念范畴的定义，因此该阶段应严格依据原始数据，努力做到不遗漏任何重要信息，并保持对资料探究的开放性，不局限于将已有研究中的范畴应用到数据上。开放性编码的部分示例见表 3 - 3。

表 3 - 3　　　　　　　　　　原始资料的开放性编码示例

原始资料记录	开放性编码	
	概念化	初始范畴
前几年，我们公司生产用关键的原材料大多从日本、德国等国外企业采购，直到这两年随着越来越多的国际巨头跨国公司到中国来投资建厂，那些需要从国外进口的原材料，现在也可以在国内直接采购了（ZJ 公司海外贸易部经理 L 先生）	a1 从国际巨头处采购原材料	A1 采购原材料，零部件
公司通过向德国 C 公司购买流水生产线，与其建立了长期的合作关系，这对公司发展起到至关重要的作用（ZJ 公司海外贸易部经理 L 先生）	a39 购买流水线产线	A2 采购设备
为了能向客户提供端对端快速、优质的服务，公司在北美、欧洲、中东、亚太、拉美、非洲等地区均设有营销和服务中心，营销和服务网络覆盖海内外（DH 公司副总裁助理 Z 女士）	c31 营销服务网络	A3 营销组织
……	……	……
比如说国外公司来跟我们在产品研发这块合作，我们当然是很欢迎的，因为和他们比公司在技术方面当然是弱的，但在市场、渠道方面，他们对国内市场不熟悉，我们是有优势的，这样我们就可以优势互补（ZJ 公司技术中心主任 C 女士）	a32 合作开发	A9 技术合作

续表

原始资料记录	开放性编码	
	概念化	初始范畴
公司与国外客户，从不太熟悉到彼此信任是有一个过程的，随着双方合作的时间越来越长、彼此了解越来越多，感情当然也越来越深，信任是建立在长期合作的基础上的（WX 公司销售经理 L 先生）	d12 信誉	A10 隐性专有营销资产
……	……	……
因为我们的产品通过了资质认证，那些客户如果要做到 13485，需要供应商必须是通过认证的企业，所以那些做医疗器械的大企业，必须用我们的产品（AT 公司总经理 H 先生）	e25 资质认证	A18 产品质量类资产
公司的一个产品需要电源，最早自己没有能力生产，是从日本企业购买的，然后慢慢模仿学习自己做（HK 公司中央所所长 S 先生）	b65 技术模仿与学习	A19 技术吸收能力
在与国外客户合作过程中，还发生过该经销商在面对另外一家同为中国的供应厂商提供质量相当但价格更便宜的产品选择时，仍然保持与我们的合作，甚至将自己的客户介绍给我们公司的情况（WX 公司销售经理 L 先生）	d6 通过客户介绍更多客户	A20 销售产品
公司拥有自己的研发中心，并投入了大量资金用于提高研发实力和改善研发环境，购置了大批试验和测试设备。公司不仅从外部引进有能力有技术的高学历人才，还选拔鼓励本公司内部员工攻读硕士、博士课程（ZJ 公司技术中心主任 C 女士）	a48 研发投入和技术人才	A21 技术基础设施
……	……	……

注：开放性编码中 a、b、c、d、e 分别代表由 ZJ、HK、DH、WX、AT 五家案例公司获取的初始概念。由于篇幅略去了一级编码过程。

　　为了避免自身的偏见和看法，首先对资料中出现的现象、事件和行动进行逐行编码，其次将最重要或出现最频繁的代码进行概念化，最后仔细比较分析凝练出的初始概念，对其进行归类、抽象、提升和综合从而形成初始范畴。对资料进行编码分类共得到 217 个初始概念，再根据这些概念在意义上的关联度或属性上的类似性对其进行凝练和归纳，剔除了部分对本研究不重要或出现频率低 2 次的概念，最终整理类聚为 34 个初始范畴。

二、二级编码（轴心式编码）

轴心式编码是在开放式编码中发掘的初始范畴间建立联系，结合企业案例材料分析和文献对比深入探寻初始范畴之间的内在逻辑关系，按照初始范畴所在具体形式、实际效果等方面所呈现的共性特征，将初始范畴进行归类，分辨出若干主范畴，并通过主范畴把握事件的发展脉络。

第一步，对原始数据库进行深入挖掘和对比进行二次编码，将初始范畴再次归类，以尽可能保证范畴的严密性与互斥性。例如在对原始资料分析后，发现"A12 市场感知能力"是企业监听、追踪、获取市场信息并对市场动态变化做出反应的能力，"A16 顾客联系能力"是企业寻找并与客户建立联系以及维持良好的客户关系的能力，这两种能力均属于使企业有效开展营销活动的营销能力的范畴，因此将他们归入副范畴"B6 营销能力"中。需特别说明的是，在对案例企业资料进行分析后发现，初始范畴"A29 合资并购"的内涵较为特殊，在不同企业中，甚至同一企业不同时期所表达的内容及表现的行为重点有所不同，有些情况涉及企业间的业务行为，有些情况则涉及企业间的技术行为，因此在二次编码中将这一初始范畴同时归入到"B2 强业务联结"和"B3 强技术联结"两个副范畴之中。二次编码后，最终将 34 个初始范畴继续整合为 13 个副范畴，确保初始范畴全部饱和。

第二步，通过寻找范畴之间的相互关系，发展出可以对企业案例资料进行深度分析的主轴范畴。在明确了副范畴之后，运用"投入—转化—产出"范式寻找副范畴之间的内在逻辑关联，进行主轴范畴提炼。将企业基础类资源视为输入类资源，将影响资源生产率的"利用资源的能力"视为转化类资源①，将高级资源即战略资产作为产出资源，即能力作用于基础资源的直接结果。例如，二次编码形成的"B11 基础技术资源""B12 技术能力""B13 技术资产"三个副范畴，在"投入—转化—产出"范式下整合如下"主轴线"：企业拥有的"B11 基础技术资源"（A21 技术设施、A28 技术组织、A34 一般性技术知识），经过"B12 技术能力"（A15 自主创新能力、A19 技术吸收能力、A23技术改进能力）的转化作用，最终形成企业提供有价值的产品或服务时所必需的关键要素——"B13 战略性技术资产"（A6 隐性专有技术资产、A27 显

---

① 企业能力是企业在相当长时间里通过资源间相互作用开发出来的，能够增强企业所拥有的资源的生产效率，因此被抽象地认为是企业生产的"中间产品"。

性专有技术资产）。因此，"B11 基础技术资源""B12 技术能力""B13 技术资产"三个副范畴最终被整合归入到主范畴"C5 技术资源"中，成为该主范畴的副范畴。该阶段结束，全部 13 个副范畴被归纳到 5 个主轴范畴当中。轴心式编码的具体结果参见表 3－4。

表 3－4　　　　　　　　　　　　轴心式编码结果

初始范畴	副范畴	主范畴
A7 共享分销渠道、A30 品牌代理	B1 弱业务联结	C1 业务关系嵌入性
A1 采购原材料，零部件、A2 采购设备、A17 OEM/ODM/OBM、A20 销售产品、A29 合资并购	B2 强业务联结	
A5 技术转让、A11 技术学习交流	B3 弱技术联结	C2 技术关系嵌入性
A8 合作产品开发、A9 合作标准研发、A29 合资并购	B4 强技术联结	
A3 营销设施、A13 营销组织、A32 一般性营销知识	B5 基础营销资源	C3 营销资源
A12 市场感知能力、A16 顾客联系能力	B6 营销能力	
A10 隐性专有营销资产、A25 显性专有营销资产	B7 战略性营销资产	
A14 生产设施、A26 生产组织、A33 一般性制造知识	B8 基础制造资源	C4 制造资源
A22 柔性生产及交货能力、A24 成本能力、A31 质量能力	B9 制造能力	
A18 显性专有制造资产、A4 隐性专有制造资产	B10 战略性制造资产	
A21 技术设施、A28 技术组织、A34 一般性技术知识	B11 基础技术资源	C5 技术资源
A15 自主创新能力、A19 技术吸收能力、A23 技术改进能力	B12 技术能力	
A6 隐性专有技术资产、A27 显性专有技术资产	B13 战略性技术资产	

三、三级编码（选择性编码）

选择性编码是从主范畴中挖掘"核心范畴"，在对范畴间的逻辑关系进行系统分析的基础上，形成"故事线"（story line）来描绘案例中的行为现象，其重点是系统处理主范畴之间的逻辑关系，发展出新的理论构架。这一阶段对二级编码形成的 5 个主范畴的内涵和性质进行分析，结合企业案例资料阐明"故事线"并找出核心范畴。

主范畴"C1 业务关系嵌入性"是指企业与全球网络中的客户、供应商以及竞争者之间的业务联系，主范畴"C2 技术关系嵌入性"是指企业在产品开发与制造工艺开发的过程中与全球网络中的其他企业建立起来的联系，

C1、C2 这两个主范畴的内涵体现了本土企业嵌入到全球生产网络的形式，因此可归入"全球网络嵌入"这一核心范畴内。二者下属的副范畴分别按照联结的强弱程度进行划分，分为强业务联结、弱业务联结、强技术联结和弱技术联结四个副范畴。一般来说强联结意味着企业间合作时间比较久、相互信任程度较深，长期的合作中双方会共同解决一些问题，因此产生更为紧密的市场、技术和管理等信息和资源的交换及彼此在业务行为上的相互适应和调整。

主范畴"C3 营销资源"指能够运用于企业市场营销活动中并为企业创造价值的资源要素，包括基础营销资源、转化资源（营销能力）和高级营销资源（战略性营销资产）。与营销资源类似，主范畴"C4 制造资源"和"C5 技术资源"分别指用于企业生产制造活动和技术改进及创新活动中并能为企业创造价值的资源要素，二者的副范畴也都包括基础资源、转化资源（能力）和高级资源（战略性资源）。由于营销资源、制造资源和技术资源的本质均是为企业生产经营服务并成为直接创造价值的来源，因此将这三个主范畴归入"生产经营类资源"的核心范畴。

结合已有的企业升级理论中关于升级内涵的阐述并比对企业案例资料，发现在营销资源、制造资源和技术资源三个主范畴与企业升级之间存在着紧密的联系。学术界普遍认可企业升级有三种模式，即重新组织生产系统或者引进先进技术更有效地将投入转化为产出的工艺升级；引进更为复杂的产品线来提升产品质量和产品附加值的产品升级；向价值链中设计或营销这类利润丰厚的环节跨越的功能升级。从企业升级是企业在全球价值链中从事产品设计、品牌营销等高附加值活动能力不断增强的过程这一概念可以看出，企业升级的本质是企业能力的提升，再结合"C3 营销资源""C4 制造资源"和"C5 技术资源"这三个主范畴下副范畴（基础资源、转化资源和高级资源）的界定，可以发现如下"故事线"：随着基础性资源在企业经营活动中的频繁应用，企业会逐渐积累起作为转化资源的相关能力，在企业能力与基础性资源共同作用下形成具有历史积累性和路径依赖性的更高级的资源——战略性资产，企业能力的形成和提升过程就是企业的升级过程。

进一步将 5 个主范畴与已有理论进行对接和比较，可以发现在全球生产网络背景下，"生产经营类资源"和"网络嵌入"两个核心范畴间存在相互影响的关系。一方面，本土企业凭借自身具有的生产经营类资源，以技术关系嵌入性或业务关系嵌入性的方式嵌入到全球生产网络中；另一方面网络嵌入性也会影响到企业生产经营类资源的积累和提升，企业的升级过程本质上就是生产经营类资源的积累和能力的提升过程。由此，在选择式编码阶段得到的"企业网络嵌入性"和"生产经营类资源"两个核心范畴的关系和基本逻辑可以表述为"本土企业升级是通过全球网络嵌入性与企业生产经营类资源的相互作用下实现的"，而"生产经营类资源积累和能力提升"则是隐含在这一逻辑关系下的企业升级的内在机理。

图 3 – 1 对编码过程及最终的编码结果进行了总结，包括了所有的核心范畴、主范畴和副范畴，中间部分为核心范畴"全球网络嵌入"与"生产经营类资源"之间的相互作用关系。

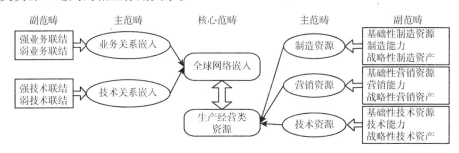

图 3 – 1　编码过程及编码结果

第四节　研究发现与理论模型阐释

在对资料的编码与分析过程中，结合梳理出的故事线，出现了以下三个发现：第一，企业生产经营类资源构成要素及之间关系；第二，在资源要素构成基础上发展起来的企业升级本质内涵及内在机理；第三，企业内部资源与全球生产网络嵌入性之间的相互作用关系，即全球生产网络对本土企业升级的作用机制。这些发现产生于对案例企业的资料分析，因此接下来本文结合访谈文本和故事线片段对这些发现进行阐述和分析。

一、全球生产网络背景下企业升级内在机理分析

（一）生产经营类资源的构念维度

事实上，资源本身并非一个新的概念，本研究在已有研究基础上，运用扎根理论通过编码分析，力图寻找适合全球生产网络中的本土制造企业升级分析的生产经营类资源的界定及分类。在对原始资源的编码分析时发现，构成本土

企业为直接价值来源的生产经营类资源包括制造资源、营销资源和技术资源三类：营销资源是企业在市场上创造价值所需的经营要素；制造资源是企业在投入组合一定的条件下生产产品所需的经营要素；技术资源是企业在产生和管理技术变化中所需要经营要素。

在编码时，本研究借鉴了韩德昌和王亚江（2009）的营销资源层级模型，分别构建了制造资源、营销资源和技术资源的层级模型，将每种类型资源均按照基础性资源、企业能力和战略性资产三类进行划分。其中基础性资源是企业可以通过市场购买或模仿获得的，包括办公场所、设备、资金等设施资源，人员、团队、管理理念、组织结构等组织资源，和建立在已有的范式、知识结构、惯例等基础上的一般性知识三种形式；企业能力是企业整合、运用基础性资源的方式和过程以及在这一过程中构建的能力，作为"中间产品"的企业能力建立在知识开发、获取和转移基础上，能够增强企业资源的利用效率；战略性资产则是在基础性资源与企业能力共同作用下形成的具有路径依赖性、难以被竞争对手模仿和复制的、独特的企业专有性资产。

企业战略性资产是企业生存和发展的关键资产，是企业竞争优势的来源。战略性资产的路径依赖性和独特性决定了它们是在企业内部积累起来的企业专有性资产，这些资产或者聚集在员工的头脑中，或者在机器设备、软件和组织惯例中。与基础性资源中可以广泛分布的一般性知识不同，战略性资产的核心是在企业内部集体学习过程中所掌握和形成的知识，借鉴知识缄默性的分类方式，将战略性资产划分为显性专有资产和隐性专有资产。其中显性专有资产是看得到、被固化为实物的资产，如程序、文件、图纸、流程、数据库等，企业拥有这类资产的所有权，由于该类资产比较容易通过规范化和系统化的语言进行传播，因此某些显性专有资产通过申请得到法律的保护，如专利、商标等。隐性的专有资产则更多地存在于企业的人力资本中，是高度个人化的、基于长期经验积累的资产，由于这类资产难以规范化和系统化，因此不易传递，常常表现为经验、技能或者诀窍的形式。

（二）企业能力与企业升级

企业升级是使企业从事更高附加值、更高技术含量的资本、技术密集型经济活动的能力得到增强，向更具获利能力的资本和技术密集型经济领域转移的过程。填补技术和营销缺口是发展中国家后进企业升级的主要方向，嵌入在全球生产网络中的后进企业通过自身的努力能够从过程升级开始，逐步实现产品设计和功能升级，工艺升级、产品升级和功能升级是企业升级三种主要形式，一些学者如维罗那（Verona，1999）因此认为技术能力和营销能力等作为企业竞争优势的主要构成要素，是企业升级的驱动因素。

通过案例分析中发现，企业升级过程体现了企业在价值链上"制造""技术"和"营销"三个关键环节能力的提升。表 3 - 5 归纳了企业能力与企业升级之间的关系内涵及访谈中故事线片断的示例，可以看出企业制造能力提升与企业过程升级紧密相关，营销能力提升与企业产品升级和功能升级紧密相关，企业技术能力的提升与企业过程升级、产品升级和功能升级紧密相关。因此本研究认为，企业能力并非仅仅是升级的驱动力，企业升级的实质就是企业能力的提升，企业能力的提升过程就是企业的升级过程。

表 3 - 5　　　　　　　　企业能力与企业升级关系内涵及示例

能力	升级	关系内涵	访谈示例
制造能力	过程升级	企业在生产及交货的速度与柔性、生产成本和产品质量的控制方面的提高，使企业更有效地配置生产资源，以更高的效率地将投入转化为产出，其结果表现为生产成本的降低和产品质量的提高	通过引进的国外先进的流水线，我们公司的生产效率迅速领先于国内同行，实现了过程升级（ZJ 公司）
营销能力	产品升级	良好市场感知能力使企业能够更好地收集产品、市场需求信息，有助于企业更快速地推出新产品、增加适合消费者需求的产品功能、提高产品附加值	与国外公司保持良好的沟通关系，通过客户反馈的信息挖掘国际安防市场对产品的最新需求趋势，在此基础上不断对产品进行改进创新，制造出顺应市场和客户需求的高端优质产品，大大丰富了安防产品的类型，增强了产品功能，使之朝着家庭化，数字化，高清化方向发展（DH 公司）
	功能升级	强大的市场感知能力和顾客联系能力使企业集中在为顾客创造价值，集中精力于顾客最为重视的方面，有助于企业提升品牌形成，实现功能升级	在全球扩张中，公司注重与境外经销商的联系与沟通，尽可能满足客户个性化的需求，为其提供优势的售后及技术支持，并且每年还针对客户满意度进行跟踪调查。这些举措使公司的品牌和服务在业界具有了良好的口碑（ZJ 公司）

能力	升级	关系内涵	访谈示例
技术能力	过程升级；产品升级	当技术能力应用在生产过程中，通过对生产设备和工艺流程进行改进，提高生产效率，实现过程升级；当技术能力应用在产品的改进上，直接的结果是新产品更新换代速度的加快和产品功能的增加，即企业的产品升级	以前的工艺是将两种材料混合在一起不断搅拌，需要几十秒才能够凝固，费时费力。现在是用一个传送带，一边上料，一边成型，速度快很多。这主要靠设备，但是这个设备在市面上买不到，是我们去同行那里参观得到的启发，我们就综合了我们和他们的配方，将一台流水线上机器改装，加装了灯管，也是费了很大劲，改来改去改到合适为止，现在我们靠 UV 灯光照，加了光敏剂，在光照下，能够快速凝固（AT 公司）
	功能升级	企业技术能力的提升最终会帮助企业向设计这一利润更丰厚的环节跨越，实现企业的功能升级	我们公司的产品研发，最早是从模仿开始的，在此基础上逐步提高技术能力，目前公司已经具备与国际主机厂同步开发的自主创新能力，实现了与国际先进技术的接轨（WX 公司）

（三）基于能力演化的企业升级机理

基础性资源可以直接在使用过程中转化为能力，能力的运用则会进一步产生战略性资产。例如引进先进的生产设施资源不仅有利于保证产品质量、降低生产成本、提高交货的速度，还会提高企业对市场环境变化及时做出反应的柔性制造能力。企业在使用先进设备的同时，在"干中学"中掌握了更先进的技术诀窍和技能。WX 公司一位生产经理在接受访谈时就谈道："1998 年 4 月开始，我们公司启动了 CIMS 应用工程，通过先进的技术机和信息设备，使企业在减少资金占用、生产流程改进、产品开发周期等方面取得显著效果，并建成了一整套产品设计、工艺设计、产品数据和流程管理系统。"

虽然设施资源的应用可以直接被转化为能力，但这类资源使用产生的资产价值还会受到一般性知识和组织资源的影响，设施资源与组织资源协同作用会促进企业战略性资产的积累。例如，设施资源相同，但企业在员工态度、团队合作、组织架构、管理水平等方面组织资源状况不同，其积累的经验、产生的结果也会截然不同。上面提到的 WX 公司的被访者接下来谈道："事实上在项目应用过程中，也碰到了很多困难。但是在生产部门、设计部门、物料部门、销售部门等之间良好沟通和不断磨合下，较好地解决了这些困难，顺利地就完成了这个新的工程。通过这个过程，公司也建立起来更有效的运作流程和沟通惯例。"

由此可见，企业能力无法直接通过组织间的交易或者模仿形成，它必须通过企业内部积累获取，这一过程具有路径依赖的特征，即企业能力取决于之前历史路径和目前所处的位置，企业目前所拥有的基础性资源和战略资产是企业之前行为的结果，同时也会继续影响企业未来的能力发展。因此在资源分层基础上，可以更加清晰地看出资源要素间的关系与转化过程，企业能力是在利用基础性资源与战略性资产过程中形成的，战略性资产可以提升企业对基础性资源的利用能力，同时能力的提升也会促进企业内部形成新的战略性资产。图 3－2、图 3－3、图 3－4 分别是企业制造资源、营销资源和技术资源的层级模型。

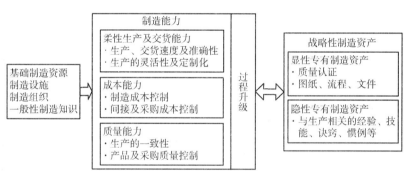

图 3－2　企业制造资源层级模型

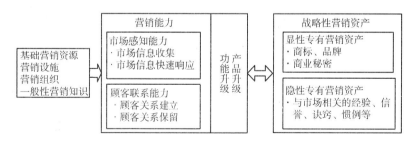

图 3－3　企业营销资源层级模型

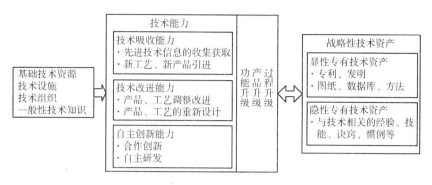

图 3 - 4　企业技术资源层级模型

二、全球生产网络对本土企业升级的作用机制分析

（一）网络关系嵌入性分类

网络嵌入性是研究企业网络的重要工具，其直接影响到组织间合作关系的形成。作为研究网络嵌入的重要维度，关系嵌入性主要研究网络的关系要素即网络参与者间相互联系的二元交易关系问题。而企业嵌入到网络中与其他企业建立某种形式的关系，其行为内容不外乎或为开展业务，或为发展技术。本研究通过扎根于原始数据的编码分析，从嵌入类型和嵌入强度两个维度对网络关系嵌入性进行了分类。其中嵌入类型按照企业之间发生的经济行为内容分为业务关系嵌入和技术关系嵌入，嵌入强度按照参与企业间相互联系的交易关系力度，如交易双方之间相互理解、信任和承诺的程度划分为强联结和弱联结。在此基础上，将网络关系嵌入性划分为强业务关系嵌入性、弱业务关系嵌入性、强技术关系嵌入性和弱技术关系嵌入四种基本类型（见图 3 - 5）。

	业务关系嵌入性	技术关系嵌入性
弱联结	共享分销渠道品牌代理	特许、技术转让、技术咨询、技术学习交流
强联结	零部件、中间产品、机器设备采购OEM/ODM/OBM 合资并购产品销售	合作产品开发、合作标准研发、合资并购

图 3 - 5　网络关系嵌入性的分类

通过对案例企业的分析，本研究发现本土企业与国外企业之间的业务关系嵌入与技术关系嵌入并非完全独立。例如，HK 公司向客户提供产品的行为，从嵌入行为内容看显然是与客户之间建立的业务联结，是一种业务关系嵌入性，但这种关系并非仅仅需要顾客需求方面的信息沟通就够，在公司为客户提供产品时，客户要求参与到产品开发和制造环节，并派出相关人员帮助公司一起进行产品改进。再比如，OEM 本身是为国外先进企业代工，显然属于业务关系嵌入性，但通常情况是客户企业会提出一些技术要求、产品质量指标，甚至提供一些技术培训和指导以促使中方企业适应他们的要求对产品工艺过程做出调整，显然这一过程无形中也产生了技术关系嵌入性。因此，伴随诸如OEM、供应产品这类强的业务关系嵌入行为的深入发展，会使企业产生如技术学习交流、合作开发等弱的技术关系嵌入行为。

（二）生产经营类资源对网络嵌入性的影响

全球生产网络中拥有丰富的制造资源有利于本土企业与国外企业之间建立起业务联结。在企业调研时，受访者多次谈到国外企业在选择是否与企业合作时，会对企业制造资源这块进行深入考察："外国客户在挑选供应商时，会对企业资质、硬件设施，各种产品认证资格进行筛选，然后对筛选符合要求企业的产品进行对比试验，只有当产品质量和价格都达标，才会最终认可（AT 公司总经理助理）。"除了基础性制造资源和战略性制造资产（如质量标准、质量认证）外，制造能力也同样重要。"今年自动化的第一单来自三星在马来西亚的工厂，当时我们和另外两家竞争对手实力不差上下，只是我们的交货时间更短，最终我们拿下这份单子，并动员全厂力量，提前 2 ~ 3 个月交货（HK 公司总经理）。"由此可见，资源能力互补性是国外企业选择与本土企业建立业务联系的首要考虑因素，对力求降低成本和快速响应市场需求的跨国公司来说，那些拥有更先进的制造设施与组织资源，具备低成本、快速、高质量的制造能力和弹性的交货能力，以及更为丰富的制造经验和技能诀窍等的中国本土企业无疑是具有吸引力的。

全球生产网络中覆盖海内外的营销服务网络和营销资源有利于本土企业与国外企业之间建立起业务联结。在对调研企业的案例研究中发现，对于那些力求进入中国市场的国外企业而言，虽然拥有强大研发和技术实力，但却缺乏本地化渠道资源，因此拥有包括本土销售渠道资源、营销能力、品牌声誉、市场信息及营销相关知识技能等在内营销资源的中国企业，对他们是具有强大吸引力的，这也是国外企业与本土企业建立诸如共享分销渠道、品牌代理等业务联系的重要原因。如 ZJ 公司海外贸易部经理说："国外客户与我们公司的合作，最为看重的资源是本土化的渠道资源，所谓渠道为王，你拥有渠道就能占领市场。像那些大的国际知名公司，在中国没有渠道，这个市场你就没办法进来。除了渠道外，本土营销人员及其能力也很重要，因为一个特定的市场，最熟悉的肯定是当地的企业及人员。"

全球生产网络中强大的技术资源有利于本土企业与国外企业之间建立业务联结及技术联结。拥有更多基础技术资源投入、更好的技术能力和技术诀窍专利的本土企业可以通过更加迅速推出新产品、改进产品功能，更好地满足国际市场需求，拥有更多与国外企业建立技术合作的机会，促进本土企业以技术联结或业务联结的方式嵌入全球生产网络中。甚至随着基础性技术资源投入的继续强大，如通过建立自主研发组织、加大研发投入和技术学习，逐渐实现自主创新能力的发展和积累，企业会有选择地将经济活动的范围向研发环节转移，演化为 ODM 或者 OBM 模式。DH 公司研发经理谈道："公司不断加大技术投入和向国外先进公司进行学习，甚至与国外公司合作开发一些产品，逐渐掌握了国际领先的技术，拥有了一些核心技术和专利，在此基础上，我们开始将某些生产环节外包，甚至逐渐过渡到整机外包。"

（三）网络关系嵌入性对企业内部资源的影响

与国外企业之间建立的网络联结为本土企业提供了发现和获取外部资源的渠道。首先，业务关系嵌入会直接促进可以通过市场交易形式获得的基础性资源的积累，例如与国外企业购买设备、共享分销渠道、OEM 等网络嵌入方式带来的直接结果就是使本土企业获得了包括设施和组织资源在内的基础性制造资源、营销资源和技术资源。其次，当本土企业以品牌销售、品牌代理、共享分销渠道和技术交流等弱的业务和技术联结形式嵌入网络中时，可以获取的一般性知识类基础性资源，如国际市场需求、国外同行产品信息、更先进的一般性技术知识等。例如 ZJ 公司在访谈时均谈道："在跟国际市场和国外著名公司的接触当中，我们会主动寻找国际上最新的产品动向、发掘新的市场机会。比如我们做的产品本来就是国外的技术远远领先于我们，可能我们暂时还无法跟他们保持同步，但至少可以在追踪过程中把握趋势……其实共享信息很容易，比如合作中（他们了解下）中国市场目前是怎么样一个情况，我们了解下国际市场是怎么样一个情况。"

　　除了基础性资源外，网络嵌入带给企业更大的作用是获取战略性资产，合资并购在获取有形的基础性资源的同时，更获得了无法通过市场交易获取的无形战略性资产。例如 WX 公司谈到，"我们公司曾经在英国收购了一家经销商60% 的股份，然后以这家经销商为基础，成立了 WX 公司欧洲轴承公司，据此WX 公司在欧洲轴承市场上就成功地拥有了一个销售据点。后来我们公司又收购了美国一家严重亏损的公司，并购后我们不仅获得了该公司包括人员、专用设备以及市场渠道等有形资源，还获得了包括品牌、技术专利、国际市场知识、长期客户关系等关键性资产。"

　　除合资并购形式获得战略性资产外，其他类型的强业务或强技术网络联结形式也可以使本土企业掌握专有性知识。例如，当本土企业以购买设备、零部件、技术交流合作、合作开发等方式嵌入网络时，所获得的知识虽然大多如产品（设备）图纸、操作手册、工艺标准等显性知识，但企业人员在使用过程中或者通过不断对这些图纸进行剖析，或者通过熟练掌握操作流程生产工艺，或者与对方企业共同解决问题，在干、用、培训、观察模仿等过程中对国外的先进信息和知识进行学习，将这些显性知识嵌入到自己的头脑中，并最终物化为可使用的与技能、诀窍和组织惯例等相关的企业隐性战略资产。"在接触国外企业以前我们连国外的标准都不清楚，更别提与国际产品质量要求接轨了，但是通过给国外企业大公司做代工，为了满足对方提出的工艺要求或者产品质量检测指标要求，我们的技术人员会不断地学习吸收国外的先进技术，这样之后我们在做自己产品的时候，也建立起一套检验标准和生产工艺，很好地满足了国外客户的要求（ZJ 公司技术中心主任）。"由此可见，虽然强网络关系嵌入所获取的知识大多属于显性知识，隐性知识无法直接获得，但本土企业仍然能够通过主动学习最终将显性知识转化为隐性知识并嵌入到企业中，形成企业战略性资产。

三、案例分析结果

　　基于扎根理论的操作程序对原始资料进行编码分析、范畴提取和归纳演绎，在不同案例间反复验证以寻找共性，通过质化研究数据的比较分析，最终形成本土企业升级机制的理论模型。

　　本研究运用扎根分析技术，在不同企业案例间反复验证以寻找共性，并通过质化研究数据的比较分析，最终构建了"全球生产网络中企业升级机制的探索性模型"（如图 3 – 6 所示），以揭示全球生产网络背景下的本土制造企业升级的内在机理以及网络关系嵌入对企业升级的作用机制。

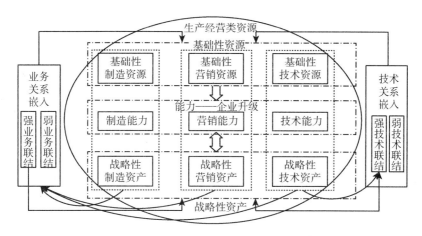

图 3 - 6 本土企业升级机制的探索性模型

这一模型将外部网络关系嵌入与企业生产经营类资源结合起来，将单纯的企业内在资源视角下的企业升级研究，转变为考察作为资源集合体的企业，其内部资源如何与网络关系嵌入之间相互作用，以及这种作用如何进而影响企业升级的过程。这一模型打破了单一理论对于企业升级机制解释的局限，体现了企业升级的动态演变过程。

第五节 本章小结

一、进一步的讨论

（一）生产经营类资源要素间的关系与转化过程

对于资源集合体的企业来说，资源是其拥有和控制的一组可用要素，并最终转化为产品和服务（Amit & Schoemaker，1993）。梅耶（Meyer，1992）、朗戈恩（Rangone，1999）、王永贵和卢兴普（2002）等中外学者在实证研究中均证明技术能力、制造能力和营销能力对制造企业竞争优势具有显著的正向影响，企业升级是使企业从事更高附加值、更高技术含量的资本、技术密集型经济活动的能力得到增强的过程。针对目前我国本土企业技术和营销等方面与国际领先企业仍存在较大缺口这一事实，将企业内部生产经营类资源划分为制造资源、营销资源和技术资源，较好地体现了资源作为企业竞争优势根本来源以及企业升级的本质是能力提升这一基本特征。

异质性企业关键性资源的分析成为资源基础理论的核心。资源基础观认为从要素市场上直接购买的资源并不是造成企业间利润差异的根源，只有通过学习或知识要素的注入后这些资源被转化成企业特有的能力时，才形成企业的竞争优势。巴尼（1991）对能够带来高利润的企业内部资源进行分析，指出获取租金的资源应具备有价值的、稀缺的、不能模仿的和不能替代的四个充分条件。1990 年普拉哈拉德和哈默提出企业核心能力的概念，并定义为"组织中的积累性常识，特别是关于如何协调不同的生产技能和有机结合多种技术流派的学识"，并使用价值性、稀缺性、不可替代性来概括核心能力，认为核心能力是企业竞争优势的基础。米勒和夏姆西（Miller & Shamsi，1996）认为企业资源可以划分为基于财产的资源和基于知识的资源，后者就是难以模仿和复制的无形知识和技能类关键性资源。

由此可见，企业内部生产经营类资源中既含有可以从要素市场中直接获得的基础性资源，又包含难以模仿和复制的基于知识技能的战略性资产，还包括在运用基础性资源和学习、注入基于知识的战略性资产过程中所形成的能力。企业能力与战略性资产不同于传统产品要素，存在巨大的交易成本且包含有隐性知识，难以在企业间转移，因此是难以模仿、难以获得的企业专有性资源。本文构建的资源层级模型将制造资源、营销资源和技术资源进一步细分为基础性资源、能力和战略性资产三种要素，认为企业自身资源的积累遵循从基础类资源到能力提升再到战略性资产的转化路径，该模型较好地体现了资源作为本土企业竞争优势来源的本质特征，同时也反映了资源各要素之间的关系以及资源与能力相互转化的路径和过程。

（二）网络关系嵌入性与企业内部资源的耦合效应

耦合是一个源自于物理学的概念，广义的耦合是指两个或两个上以上的系统通过相互作用、彼此影响进而联合起来产生增力的现象，这种现象是一种存在于各系统间的良性互动，表现为相互依赖、相互协调、相互促进的动态联系。在社会科学领域中，耦合效应是一种互动或联动效应，是通过某种条件把两种社会现象有机结合起来，共同发挥作用的现象。全球生产网络背景下，网络关系嵌入和企业内部资源是影响本土企业升级的重要外部和内部要素，这两个子系统通过相互作用而彼此影响进而联合起来产生增力，形成促进企业实现升级的耦合效应。

资源基础观从已经拥有竞争优势的领先企业角度研究竞争优势的持续性，

强调的是在位企业如何通过建立隔离机制享有先进入者优势，但却忽视了那些起初并未拥有资源优势的后进企业如何克服在位者的优势实现追赶的问题。马修（Mathews，2002）指出，后进企业最初由于在技术、品牌和市场渠道等资源方面的贫乏导致落后，在这种状况下企业的战略意图是追赶发达国家的领先企业。作为资源集合体，后进企业不仅要在既定管理框架内进行内部资源的整合与扩张，更要依靠与领先企业建立网络联系获取外部资源，并有效整合利用内外部资源实现优势互补，这是企业获取竞争优势、实现追赶的重要途径。全球生产网络背景下，本土企业的资源获取行为会受到其在全球生产网络关系嵌入性的影响，与国外企业之间建立的网络联结为本土企业提供了发现和获取外部资源的渠道，甚至可以获得接近那些在传统要素市场中无法直接获取，或者通过自身积累可能需要花费更多时间和成本的，但对促进本土企业升级、创造价值至关重要的关键性资源的机会。

　　虽然与领先企业建立的网络联系有助于本土企业获取并利用外部资源，但企业网络关系嵌入的动机和机会会受到企业所拥有的内部资源状况的影响。从本土企业网络关系嵌入动机来看，网络嵌入行为最直接的驱动力是获得成长性资源，企业倾向于同那些提供"即时性"或"现实性"资源供给的其他主体建立网络联结，由于这些资源不需要与原始企业分离才能够获得，较好地回避了"交易性"问题，后进企业通过与领先企业共同分享这些已有资源，解决企业内部资源积累所需要的时间和成本问题。从本土企业网络关系嵌入的机会看，资源能力互补性是国外旗舰（核心）企业选择与本土企业建立联系的首要考虑因素，本土企业拥有能够满足国外企业需求的资源和能力是其吸引外国企业与自己建立网络联结的重要条件。本土企业拥有的资源能够给对方企业带来的价值越大，互补性越强，其对国外企业的吸引力才越大，建立业务与技术联系的可能性也越大，例如就国外旗舰企业的产品与市场战略意图而言，跨国公司选择与发展中国家本土企业建立网络关系的主要动机是降低成本、快速响应市场需求，因此在本土企业的网络关系嵌入中，不难发现那些拥有低成本、快速、高效的制造能力以及弹性的交货能力等国外企业所需要的互补性资源与能力的本土企业，通过能够成功地嵌入到全球生产网络中，与国外企业建立起了长期、稳定的网络联结。扎赫尔和贝尔（Zaheer & Bell，2005）将企业拥有的内部资源和构建的有利的网络结构称为"网络构建能力"，企业拥有的内部资源越强大，网络构建能力越强。

　　从以上对网络关系嵌入性与企业内部资源的关系分析发现，二者之间存在着交互耦合效应，作为企业升级的重要影响要素，它们分别位于企业的内部、外部环境中，在整个升级系统当中构成两个重要的子系统，并在相互作用中彼此影响产生增力，它们的耦合协同程度是全球生产网络中本土企业升级的关键。潘罗斯（Penrose，1959）认为企业的成长取决于内部资源和外部环境的相互作用，内部资源的性质限制了企业在某个时点上扩张的方向和程度。对于处于起步阶段发展中国家的后进企业来说，历史路径导致其内部资源以及与国外企业之间的联系均少得可怜，因此在全球生产网络中与国外企业建立某种形式的网络联结，并通过关系嵌入获得更为广泛的资源就成为企业升级的捷径。在这种情形下，选择与其内部资源相称的网络嵌入战略就显得至关重要，企业需要在分析自身所拥有的资源基础上，权衡考虑该阶段所应该做的最重要的事情：比如，收集信息、购买机器、获取技术还是国外销售渠道，以获得更为广泛的外部资源，并将所获取的资源与企业内部资源整合转化为在竞争中所需要的能力以实现升级。因此，企业的网络嵌入选择会受到企业自身资源的束缚，网络嵌入行为反过来更帮助企业获得外部资源，网络关系与企业资源耦合协同程度的提高，能够促使企业升级的实现。

（三）全球生产网络中的本土企业升级路径

企业制造能力、营销能力和技术能力的提升过程就是企业的升级过程，企业升级的实质就是企业能力的提升，研究企业升级根本是需要理解企业动态能力的形成和提升机制。早期关于能力形成演化研究大多针对企业内部：或者认为能力是随着管理者发现多余资源的新应用无意识的产生（Penrose，1959），或者认为构成能力基础的知识和技能是在管理者解决问题（如推出新产品和扩大生产过程等）的过程中，通过试错、反馈、评估的学习开发出来的（Chandler，1992），将企业能力的形成演变视作一个不断从自身的经验中学习的渐近性的、具有路径依赖特征的过程。从前面的讨论可以看出，企业具备的基础性资源和战略资产影响着企业未来能力的发展，而当前企业拥有的资源状况则是自身学习积累的过程，即过去行为的结果，因此企业能力形成发展具有路径依赖的特征。全球生产网络背景下，企业网络关系嵌入成为本土企业收集和寻找相关信息、共享知识和资源的重要渠道，通过网络获取的基础性资源和战略性资产会进一步帮助提升企业整合、运用资源的方式和效率以及在这一过程中构建的制造、技术和营销能力。

不同类型的网络关系性嵌入在企业间从事的经济行为和在彼此间信任、共享信息、共同解决问题等方面存在差异，导致企业通过这些网络联结识别、获取、转移和利用资源的机会和程度有所不同。强联结产生的信任和频繁互动增强了知识发送方进行知识转移的意愿，为双方提供了深入交流的机会，有利于后续的学习；弱联结虽然在信任、共同解决问题的程度上不具优势，但其在联结数量方面拥有的优势使知识接受方可以在有限的资源条件下，接触到更广泛的信息来源。因此一些学者倾向于认为强联结有利于企业间隐性专有知识（私密知识）的转移，而弱联结则有利于显性一般性知识在不同的企业间进行转移（Uzzi & Lancaster 2003；Hansen，1999）。

　　这与本研究的发现基本一致，首先，大多数业务关系嵌入，无论强弱均会直接促进企业基础性资源的积累，例如从国外企业购买设备、共享分销渠道等，这类基础性资源的获取方式基本上是以市场交易形式发生的；其次，当本土企业以品牌销售、品牌代理、共享分销渠道和技术交流等弱的业务和技术联结形式嵌入网络中时，所获取的知识大多为一般性显性知识，如国际市场需求、国外同行产品信息、更先进技术知识等，也属于基础性资源；最后，当本土企业通过强的业务/技术联结方式嵌入网络时，虽然所获得的直接知识仍为显性知识，但企业人员在使用或共同解决问题过程中能够通过干中学、用中学、研究中学等学习方式将这些显性知识嵌入到自己的头脑中，并最终物化为可使用的与技能、诀窍和组织惯例等相关的隐性专有知识，构成企业的专有性战略资产。

　　因此，网络关系嵌入性不仅是企业实现资源获取的主要渠道，更是企业提高资源利用能力、实现升级的重要手段，脱离全球生产网络的外部环境单纯从企业内部研究能力的形成演变和企业升级路径是不完全的。本土企业一方面在从与国外企业建立的网络关系嵌入中获取同质性或互补性有形的和无形的基础性资源；另一方面通过在网络关系嵌入中的不断学习所获取的专有性战略性资产以提升企业对资源的利用能力，将企业内部资源积累与网络外部资源获取结合起来，可以更为完整地理解企业能力演化与本土企业升级路径。首先，通过嵌入全球生产网络中，本土企业与国外企业建立技术或业务联系以获取外部资源；其次，利用如本土市场优势、成本优势等自身优势杠杆化利用外部资源；最后，在利用内外部资源过程中进行学习，获得能力提升、实现企业升级。通常情况下本土企业从网络关系嵌入中获得的外部资源大都是非稀缺、可模仿的和可以转移的资源，全球生产网络中的关系嵌入只是企业升级的一个方面，更重要的是如何在企业内部运用这些联系，通过杠杆化利用外部资源，将企业内外部资源转化为企业能力的过程，这一过程并非自动发生，它取决于企业的学习能力。

二、小结

本章基于案例研究，运用扎根理论的分析方法从企业资源角度研究了全球生产网络下的本土制造企业升级问题，由内而外地分析了企业升级的内在机理和全球生产网络对企业升级的作用机制两个重要问题。主要结论如下：

首先，本土制造企业升级的实质就是企业能力的提升。企业制造能力、营销能力和技术能力的提升过程就是企业的升级过程，将生产经营类资源分类为制造资源、营销资源和技术资源更好地体现了企业资源与竞争优势之间的关系及企业升级的本质。本研究利用资源分层分类的方法为企业生产经营类资源构建了层级模型，将其分解为基础性资源、企业能力和战略性资产三个层次，从而更清晰地体现出资源构成要素之间的关系、基于资源的能力形成及发展路径和过程，该模型适用于打开制造企业黑箱，对升级内在机理进行研究。

其次，本土制造企业内部资源与网络关系嵌入之间存在着交互耦合效应。作为企业升级的重要影响要素，内部资源与网络关系分别位于企业的内部、外部环境中，在整个升级系统当中形成两个重要的子系统，企业内部生产经营类资源的积累遵循基础性资源→能力（升级）→战略性资产的过程，企业拥有的内部资源状况影响企业的外部网络关系嵌入选择，而网络嵌入行为反过来帮助企业获得外部资源，因此网络关系与内部资源两个子系统在相互作用中彼此影响产生增力，其耦合协同程度的越高，越能够促进企业升级的实现。

最后，将内部资源积累与网络资源获取结合起来可以更好地理解本土制造企业的升级路径。网络联结不仅是企业收集和寻找相关信息、共享知识和资源的重要渠道，也是企业提升整合利用资源的方式和效率、实现升级的重要手段，脱离全球生产网络的外部环境单纯从企业内部研究能力的积累提升和企业升级路径是不完全的。但是由于从网络关系嵌入中获得的外部资源大多属于非稀缺、可模仿可转移的基础性资源，本土企业更应掌握如何运用这些联系，即通过杠杆化利用外部资源，将企业内外部资源转化为企业能力的过程，这一过程取决于企业的学习能力。

第四章　全球生产网络下本土企业
升级机制的实证研究

前一章将企业内部资源和全球网络关系嵌入性结合起来，形成一个整合的分析框架用于分析本土制造企业的升级问题，较全面地涵盖了影响企业升级的内外部的资源因素。但是无法否认的是，案例研究方法受研究能力所限，选取企业样本所覆盖的行业有限，结论是否具备普适性还需要进一步探讨，同时由于部分研究内容的敏感性，一些企业对于需要透露所在企业的产品技术发展和国际市场拓展状况、全球化商业合作细节等要求，会持回避和消极态度，可能导致对样本企业访谈的深入程度不一致。为了使得研究进一步深入，本部分采取问卷调查的方法进行数据收集，重点针对以下三个问题进行实证研究：一是企业内部资源和外部网络如何对企业升级产生作用？二是企业内部资源与外部网络联结究竟哪一个更加重要？三是全球生产网络如何对企业升级产生影响，为什么有些与国外领先企业建立了网络联结的本土企业却反而陷入了"低端锁定"，沦为"世界工厂"的困境？基于此，讨论企业内部资源、全球网络联结对企业升级的影响，具有一定的理论和现实意义。

第一节　研究假设

国外学者最初针对企业升级的研究始于核心竞争力和动态能力。资源基础观以企业拥有和开发的独特资源的角度来理解企业的获利和成长，如张媛媛等（2013）认为企业的自主创新能力、高端制造能力和市场拓展能力对转型升级有明显的促进作用。资源能力视角下的升级研究认为企业在不断对内外部资源和能力进行构建、调整、整合和重构中会形成动态能力，并最终实现升级（Teece et al.，1997；毛蕴诗等，2012）。虽然资源基础观将资源异质性作为企业绩效差异的催化剂，强调资源禀赋对企业竞争力的重要性，但由于该理论将研究焦点过于集中于企业内部资源和能力上，忽略了同样也会对战略决策及绩效产生重要影响的外部环境因素，近年来学者开始转向运用网络理论以强调网络环境的重要性。网络理论认为现在的企业不再是以独立原子的形式存在，其战略行为更多发生在网络环境中，企业的升级能力是由其所嵌入的网络决定的。作为一种重要的网络资源形式，网络联结可以用来理解并实施企业的战略优势，学者们将注意力逐渐放在能够对网络资源的获取产生促进或者阻碍作用，并进而影响到企业升级的网络联结上，例如，彭（Peng，2013）指出在全球生产网络（GNP）中发展中国家后进企业通过建立网络联结嵌入来利用企业外部资源、降低企业内部稀缺资源的限制；赖红波等（2013）认为企业能够通过网络关系的调整、更新和升级来实现转型升级，并研究了网络关系升级对企业升级的影响。另外一些学者则整合了资源基础观和社会网络观并将其应用于企业升级研究中，认为企业升级模式的选择取决于其具备的条件与所处环境，并针对不同条件下企业的升级战略选择进行了一系列的研究，例如斯特金（Sturgeon，2002）、毛蕴诗（2009）等证明了企业内部资源能力与外部因素共同决定了企业应采取的升级模式。

一、内部资源与本土企业升级

从前一章的研究结果可以看出，企业升级是使企业迈向更具获利能力的资本和技术密集型经济领域的过程，同时也是使企业从事更高技术含量的经济活动的能力得到增强的过程，企业升级的实质就是实现更高附加价值的企业能力的提升。鉴于此，本书在企业内部资源分类上将能力从资源中剔除，结合前面的研究成果、已有的研究基础和中国本土企业的实际情况将企业内部资源划分为两大类：一类是在企业生产经营领域直接创造价值的生产经营类资源，包括固定资产投资规模、技术装备等有形资产与知识产权、员工技能等无形资产在内的制造资源、技术资源和营销资源；另一类则是具有明显的特定组织特征的组织文化类资源，包括影响企业声誉、关系和知识积累的员工共同价值观或组织文化。

全球生产网络背景下本土企业升级表现为企业对于全球价值链中核心知识的掌握和创新性的应用，鉴于这个过程是一个具有路径依赖特征的能力提升过程，无法直接通过组织间的交易或者模仿形成，只能依赖于企业现有的内部资源状况，通过有效地运用资源，不断产生出包括新工艺、新产品和新知识在内的企业战略性资产。企业内部生产经营状况和组织管理文化方式等因素会对不同知识载体的相互关系和行为作用方式产生影响，企业资源决定了企业进行学习、吸收和创造知识的能力，即是否能够主动采取行动来消化、内生从外部网络中获取的知识，甚至在此基础上创造出以新知识为核心的企业战略性资产，因此作为知识学习、吸收、扩散和创新的企业升级过程，会直接受到企业自身拥有的资源状况的影响。

企业所拥有的生产经营类资源可以直接在使用过程中转化为能力，能力的运用则会进一步产生新知识并被保存在企业内部。例如拥有有形和无形经营资源的本土企业，能够降低生产成本、确保产品质量及提高交货的速度的同时，通过"干中学"积累生产过程中的技术诀窍和技能等新知识。因此，包括固定资产、技术装备、知识产权和员工技能等在内的基础类资源在帮助企业在更高效率地完成生产经营环节上的各项活动的同时，有效地降低了技术和知识学习的困难程度，加快企业对外部先进知识的吸收学习能力，促进了企业升级。

企业拥有的组织文化类资源决定着员工态度、团队学习、管理水平等方面，对企业的冲突解决机制和企业的工作氛围和决策方式都会产生影响，因此即使企业拥有的生产经营类资源相同，但组织文化类资源的差异也会导致其积累的能力、产生的结果截然不同。拥有变革和学习意识等创新导向型组织文化类资源的本土企业在高度动态化发展的全球网络环境中，鼓励企业的创新及冒险行为，善于发现与发掘外部机会，鼓励组织获取、消化、转化和利用新知识，提高企业的学习能力；而拥有质量和服务意识等市场导向和长期关系导向型组织文化类资源则强调为顾客和合作伙伴创造优越的价值，使企业具有更强的升级意愿，促使企业更好利用组织内部资源，获取并吸收外部先进知识，促进升级。

综上所述，本研究假设企业内部资源对企业升级产生了显著影响。

H4.1a：企业拥有的生产经营类资源状况与本土企业升级正相关。

H4.1b：企业拥有的组织文化类资源状况与本土企业升级正相关。

二、网络关系嵌入性与本土企业升级

对于企业来说，以知识为核心的资源能力的开发是消耗时间且花费高昂的，网络联结为企业提供了发现和获取外部机会及资源的渠道，对资源的需求因此成为企业建立网络关系嵌入性的主要动机。阿布贾（Ahuja，2000）从建立联系的动机和机会角度识别了企业需要积累的三种资本类型，分别为技术资本、市场资本和社会资本。发展中国家本土企业与发达国家领先企业建立起来的网络联结可以使前者在全球范围内分享那些已经存在的有价值资源，本土企业依赖这种方式获取的外部资源无须与原始企业分离，得以回避交易性问题，解决了企业内部资源积累所需要的时间和成本问题。鉴于发展中国家本土企业大多"被俘获"在低附加值的全球价值链低端的生产制造环节，填补价值链高端能力的缺口就成为促成本土企业建立全球性网络联结的主要驱动因素。本研究借鉴阿布贾的研究成果，从本土企业建立网络联结的动机出发，将全球网络联结划分为以获取技术资源为目的的技术关系嵌入性和以获取商业资源为目的的业务关系嵌入性两种形式。

　　一些学者针对全球生产网络在企业升级中的作用进行了研究，如迪尔道夫（1998）等认为本土企业参与产品内国际分工，从事某一产品特定工序或环节的生产，有利于充分发挥不同国家在国际分工中的比较优势并充分实现产品各生产工序或环节的规模经济，从而节约生产成本、提高生产效率；科伊等（1997）认为参与全球生产网络使本土企业可以通过模仿进口的中间产品逐步形成自身的研发与设计能力；贾伯（2004）等认为作为上下游企业，发达国家跨国公司和发展中国家本土企业之间，为了保证产品质量及获得价格和数量上的竞争优势，会分享资源，进而发生技术转移和外溢。网络研究表明，企业网络联结对企业间的知识共享和相互作用的学习潜力具有显著的正向影响，特别是后发企业通过嵌入领先企业主导的全球生产网络形成知识转移机制可以促进企业能力的提高，从而促进企业升级。

　　本土企业与国外伙伴建立起来的网络联结为企业提供了知识转移和学习机制，有助于企业通过学习不断提升企业能力，因此在全球生产网络下，发展中国家本土企业与领先企业建立网络联结，通过这些联系获取企业所需的资源、知识与技能，提升内部资源的利用方式和利用效率，是企业实现升级的捷径。不同类型的网络关系嵌入中，本土企业获取的知识、信息和资源是不同的。以获取技术资源为目的的技术关系嵌入性促进了高质量的技术信息和隐性技术知识的交换，这种网络联结形式下领先企业通常会向本土企业提供设计蓝图、技术说明、技术援助等帮助其提高产品质量，以确保能够满足自己的技术要求，同时本土企业与伙伴紧密接触有利于对伙伴更为深入的理解，建立起相互之间的信任关系，在此基础上包括技术诀窍在内的隐性技术知识得以转移，在这个过程中本土企业的产品质量和技术能力得以提升，促进了企业升级；以获取商业资源为目的的业务关系嵌入性，通过与国外上游供应商和下游客户建立联系或者共享国外的营销网络等途径，有利于企业获取多样化的商业信息和创新知识，这些信息和知识的获取有利于后进企业扫描市场环境、确立目标市场，识别并快速抓住市场机会，提高其创新性产出成功商业化的概率，促进企业升级。

综上所述，本研究假设在全球生产网络下网络联结对企业升级存在显著的正向影响。

H4. 2a：技术关系嵌入性与本土企业升级正相关。

H4. 2b：业务关系嵌入性与本土企业升级正相关。

三、网络关系嵌入性在内部资源与企业升级关系中的调节作用

企业的成长取决于内部资源和外部环境的相互作用，企业内部资源的性质限制了企业在某个时点上扩张的方向和程度，一般认为拥有的内部资源越强大，企业网络构建能力越强。全球生产网络背景下本土企业的网络构建能力决定了企业与外部伙伴之间建立网络联结的程度，企业与外部伙伴建立越多的网络关系嵌入性，通过经验的累积和不断学习，越能强化企业对外部知识的吸收与对内外部资源的整合能力，从而发挥资源与知识的最大效用，促进企业升级。作为企业升级的重要影响要素，网络联结与企业资源分别位于企业的内部、外部环境中，二者在交互作用中彼此影响产生增力，共同促进本土企业升级。

以获取技术资源为目的的技术关系嵌入性通过与外部伙伴的知识共享，帮助本土企业解决创新过程中可能遇到的技术性问题，在共同解决问题过程中所建立的信任关系促进了双方为开发新产品和新技术的目标共同努力，这一新的知识学习和转移机制提升了本土企业内部资源转化为能力并产生新知识的效率，有利于企业实现升级；而本土企业通过与上游供应商和下游客户建立起的、以获取商业资源为目的的业务关系嵌入性使企业更容易地接触到某些新的领域，获取更加多样化的信息和知识，进而促进和加速创新。技术和业务嵌入性网络联结均有利于本土企业更好地利用自身资源优势，将内部资源与网络联结所获取的外部资源相结合，使自身拥有的基础类资源和组织类资源更好地与市场进行匹配，促进企业升级。因此本土企业的技术性嵌入性和业务嵌入性网络联结越丰富，企业资源对企业升级的促进作用越明显。

基于此，提出如下假设：

H4. 3a：技术关系嵌入性正向调节内部资源与企业升级的关系。

H4. 3b：业务关系嵌入性正向调节内部资源与企业升级的关系。

第二节　研究方法

一、问卷设计

本研究问卷设计过程如下：首先，结合我国本土企业实际情况，在对文献进行回顾与整理的基础上，与相关领域专家学者讨论形成问卷初稿；其次，选取 10 家企业针对其高层管理者进行问卷的试填写并收集意见反馈；最后，根据反馈意见对问卷的题项设计、题项措辞和问卷格式等方面进行修改，确保填写人员充分认识和理解各个题项所要说明的问题，形成调查问卷的最终稿（见附录三）。本研究问卷采取采用里克特（Likert）量表打分法处理，从"完全不同意"到"完全同意"对变量题项进行测量，其中对企业升级的测度采取五级打分制，对企业资源和网络联结的测度采取的是七级打分制。

二、数据收集

本书的研究对象是在全球生产网络背景下与国外伙伴有合作关系的我国本土制造企业，问卷发放对象企业的选择标准是雇员人数不少于 50 人的并且具有 3 年以上国际化业务的本土制造企业。由于本问卷涉及内容面较宽，发放对象选择了对企业全面运营情况、特别是全球化业务及国际合作状况较为熟悉的高层管理人员，同时考虑本研究需要涉及企业近三年的经营情况，因此问卷的发放对象均具有在企业五年以上的经历。

降低企业抽样误差、提高抽样估计准确度的关键是样本平均数或相对数能接近于总体平均数或相对数，二者之间的抽样误差应尽可能小。通常降低抽样误差的办法，一是抽样时扩大样本容量，体现大量观察的原则；二是改善样本容量结构与分布，使之接近总体的结构与分布。考虑到前一种方法的费用高、时间长，需要更高的人力物力成本，所以只能在适当的样本容量下，尽量改善样本容量的结构与分布，对样本容量实行最优分配。本书样本主要来自处于我国民营经济发展前沿、嵌入全球生产网络程度较高、本土企业具有一定程度升级实践的长三角地区，采用随机抽样调查，主要通过浙江财经大学已毕业或在校的 MBA 学生、电子邮件和典型企业案例调研相结合的方式，共发放问卷 220 份，回收 180 份，在对样本容量进行最优分配后选取有效问卷 116 份，有效回收率为 52.7%①。在被调查的企业中，食品行业占 8.6%，纺织行业占 17.2%，化学原料及化纤制品行业占 14.7%，塑料制品行业占 6.9%，金属制品行业占 8.6%，专用设备行业占 5.2%，交通运输设备占 12.1%，电气机械行业占 8.6%，通信设备、计算机及其他电子行业占 12.1%，仪器仪表行业占 3.4%，工艺品及其他占 2.6%。样本企业的基本信息见表 4-1。从样本分布情况看，所有样本企业均具有 3 年以上参加国际合作的经历，其中民营企业占样本总数的 80.2%，人数在 500 人以下的中小型企业占样本总数的 69%，基本符合长三角地区本土企业在行业、所有制及企业规模方面的构成特点，有效地降低了抽样误差、提高了抽样的准确性。

表 4-1　　　　　　　　　　样本企业基本特征分布情况

项　目	分类	样本数	百分比（%）
企业产权性质	国有	10	8.6
	集体	3	2.6
	民营	93	80.2
	其他	10	8.6
国际合作年限	3~6 年	72	62.1
	7~10 年	24	20.7
	10 年以上	20	17.2
员工人数	300 人以下	58	50.0
	301~500 人	22	19.0
	500 人以上	36	31.0

三、变量与测度

本调查问卷涉及全球生产网络背景下的发展中国家本土企业升级的问题，因此一些原本较为成熟的适用于领先企业的有关企业资源、网络联结等的变量测度并不完全适用，需要进行探索性因子分析和信度检验。

---

① 无效问卷剔除标准：企业国际化业务未满三年；问卷关键数据填答缺漏者，或连续五题以上选择同一答案；填答数据规律，出现多次数据循环；问卷填答极端化、自相矛盾。

（一）企业资源

对于企业资源量表，本书参考了国内外相关文献，并结合中国本土制造企业经营现状及特点进行了修正。最终的量表分为生产经营类资源和组织文化类资源两个维度，共 10 个题项。所有的题项均采用里克特七级量表制，得分代表企业拥有各类资源的程度。运用主成分因子分析法对企业资源进行探索性因子分析，经检验，KMO 值为 0.835，Bartlett 球形检验值为 410.847，显著水平为 0.000 小于显著水平 0.05，非常适合做因子分析，并应用最大方差法提取出 2 个因子。表 4-2 列示了量表各题项在对应因子上的负荷。

表 4-2 企业资源的探索性因子分析结果

测量题项	企业资源	
	生产经营类资源	组织文化类资源
固定资产规模是竞争对手在较长时间内难以模仿或替代的	0.696	0.249
技术装备水平是竞争对手在较长时间内难以模仿或替代的	0.802	0.247
某些关键知识产权是竞争对手在较长时间内难以模仿或替代的	0.836	0.202
某些关键贸易秘密是竞争对手在较长时间内难以模仿或替代的	0.873	0.045
企业员工具有竞争对手在较长时间内难以达到的专业技能	0.790	0.300
拥有竞争对手在较长时间内难以学会的技术诀窍	0.720	0.331
企业员工具有很强的质量意识	0.320	0.857
企业员工具有很强的服务意识	0.198	0.874
企业员工具有很强的变革意识	0.341	0.790
企业员工具有很强的学习意识	0.052	0.945
特征值	5.456	1.917
累积解释变异量（%）	54.556	73.729
α 信度	0.900	0.921

注：KMO 值为 0.835，Bartlett 球形检验值为 410.847，显著性为 0.000。

从表 4-2 可以看出，基础类资源的 α 信度为 0.900，组织类资源的 α 信度为 0.921，说明本研究所用量表是可靠的；同时，企业资源 2 个因子解释了全部题项的 73.729%，本研究采用的量表具有良好的建构效度。

（二）网络关系嵌入性

企业网络联结是为企业获取"信息、资源、市场和技术"的手段之一。在网络关系嵌入性量表设计上，本书借鉴安德森（Andersson，2002）的研究成果，从经济行为的内容出发，将其划分为业务关系嵌入性和技术关系嵌入性两个维度，同时参考了罗利（Rowley，2000）及相关全球生产网络的相关文献，从发展中国家本土企业在全球生产网络中获取资源的角度，进行量表设计，最终形成9个题项。同样地，所有的题项均采用里克特（Likert）七级量表制，得分代表企业与国外伙伴建立全球网络联结的程度。同样应用主成分分析法对全球网络联结变量进行因子提取。经检验，KMO 值为 0.823，Bartlett 球形检验值为 437.150，显著水平为 0.000，表明非常适合进行因子提取。

表 4-3 为全球网络关系嵌入性的探索性因子分析结果。结果表明，技术关系嵌入性和业务关系嵌入性两个公共因子解释了总变异量的 73.641%，说明该量表具有良好的建构效度。同时，两个因子的 α 信度分别为 0.931 和 0.851，均大于 0.7，说明该量表是可靠的。

表 4-3　　　　　全球网络关系嵌入性的探索性因子分析结果

测量题项	网络联结	
	技术关系嵌入性	业务关系嵌入性
与国外业务伙伴合作进行产品的研究开发	0.756	0.458
与国外业务伙伴合作进行技术标准的研究开发	0.747	0.423
与国外业务伙伴合作完成产品的生产制造环节	0.791	0.257
国外业务伙伴为本企业提供技术培训	0.917	0.210
国外业务伙伴为本企业提供技术咨询	0.913	0.252
与国外供应商签订长期合作协议	0.274	0.819
与国外客户签订长期供货协议	0.186	0.866
利用国外业务伙伴的销售渠道和营销网络	0.313	0.811
获得国外业务伙伴的特许经营权	0.305	0.625
特征值	6.123	1.241
累积解释变异量（%）	61.232	73.641
α 信度	0.931	0.851

注：KMO 值为 0.823，Bartlett 球形检验值为 437.150，显著性为 0.000。

(三)企业升级

全球价值链理论揭示了新兴工业化国家和发展中国家在新的全球分工体系中如何承接产业转移和产业升级,对于认识全球生产网络背景下的企业升级研究具有重要意义。借鉴已有研究的分析范式(Humphrey & Schmitz, 2002),将升级视为企业借助价值链以获取技术进步和市场联系从而提高竞争力,向能带来较高附加值的经济活动转移的动态过程,包括工艺改进、新产品开发、品牌开拓、自主创新等向价值链更高环节提升的活动。结合中国本土制造企业的升级实践,采用里克特5级量表制,设计了五个题项形成对企业升级的测度量表。为提取企业升级因子,应用主成分分析法进行探索性因子分析。经检验,KMO值为0.771大于0.7,Bartlett球形检验值为67.669,显著水平为0.000,非常适合进行因子提取。

表4-4为企业升级的探索性因子分析结果。在社会科学中,因子载荷量的绝对值大于0.4就被认为是有效的,在企业升级的因子分析结果中,公共因子解释了总变异量的51.497%,因此量表具有较好的建构效度。同时,企业升级的α信度为0.757大于0.7,表明本量表是可靠的。

表4-4 企业升级的探索性因子分析结果

测量题项	企业升级
与3年前相比,本公司对生产工艺进行创新和改进的速度	0.837
与3年前相比,本公司成功推出新产品的速度	0.710
与3年前相比,本公司的市场营销观念和营销能力的提升程度	0.572
与3年前相比,本公司自主创新能力的提升程度	0.748
与3年前相比,本公司技术可拓性的提升程度	0.733
特征值	2.575
累积解释变异量(%)	51.497
α信度	0.757

注:KMO值为0.771,Bartlett球形检验值为67.669,显著性为0.000。

(四)控制变量

结合该领域已有的文献基础(赖红波等,2013;戴翔等,2013),同时考虑到嵌入全球生产网络时间更长的企业拥有更多时间进行技术学习、积累经验；规模较大的企业具有更强大的人力物力从事研究、开发、营销等经济活动，因此本研究认为网络联结构建年限和企业规模均会对企业升级产生有利影响，故而将这两个变量视作控制变量。其中将网络关系嵌入年限按照 3 年以下，4 ~ 6 年，7 ~ 10 年和 10 年以上划为四个级别，分别以 1、2、3、4 代表，企业规模则用雇员人数衡量，同样分为四个级别，从 1 ~ 4 分别代表 100 人以下，100 ~ 499 人，500 ~ 1000 人和 1000 人以上。

第三节　数据分析与结果

表 4 - 5 给出了主要研究变量的相关系数矩阵。其中，企业规模、生产经营资源、组织文化类资源和技术关系嵌入性与企业升级之间存在着显著的正相关关系，相关系数分别为 0.337（$P < 0.05$）、0.376（$P < 0.01$）、0.606（$P < 0.01$）和 0.267（$P < 0.05$），嵌入年限、业务关系嵌入性与企业升级之间则不存在显著性相关关系。从各变量与企业升级之间的相关系数看，组织文化类资源的最大，其次是生产经营类资源、企业规模和技术关系嵌入性。

表 4 - 5 主要研究变量的相关系数矩阵

变量	1	2	3	4	5	6	7
1. 企业升级	1.00						
2. 嵌入年限	0.219	1.00					
3. 企业规模	0.337 *	0.369 **	1.00				
4. 基础类资源	0.376 **	0.405 **	0.018	1.00			
5. 组织类资源	0.606 **	0.086	0.227	0.000	1.00		
6. 技术嵌入性	0.267 *	0.254	0.144	0.346 **	0.215	1.00	
7. 业务嵌入性	- 0.002	0.185	- 0.082	0.233	- 0.096	0.000	1.00

注：*、** 分别代表相关系数在 0.05、0.01 的显著性水平下显著。

表 4 - 6 是本土企业升级的多因素回归分析结果。在进行回归分析中，采取了逐步回归分析的方法，一共有六个模型。其中，模型 Ⅰ 是控制变量对因变量的影响，即嵌入年限和企业规模对企业升级的回归模型；模型 Ⅱ 在模型 Ⅰ 的基础上增加了自变量的影响，即生产经营类资源和组织文化类资源对企业升级的回归模型；模型 Ⅲ 在模型 Ⅱ 的基础上增加了调节变量影响的主效应模型，即

生产经营类资源、组织文化类资源、技术关系嵌入性和业务关系嵌入性对企业升级的回归模型。模型Ⅳ、模型Ⅴ、模型Ⅵ、模型Ⅶ是加入交互效应后的全效应模型，按照较为普遍的做法，本研究采取将交互项逐个放入主效应模型中的方式，以避免多个交互项之间的多重共线性问题。

表4-6　　　　　　　　　　本土企业升级的多因素回归分析结果

变量	模型Ⅰ	模型Ⅱ	模型Ⅲ	模型Ⅳ	模型Ⅴ	模型Ⅵ	模型Ⅶ
嵌入年限	0.131	-0.076	-0.073	-0.029	-0.079	-0.026	-0.065
企业规模	0.243	0.180	0.178	0.172	0.181	0.121	0.188
生产经营类资源		0.437***	0.439***	0.436***	0.443***	0.421***	0.407***
组织文化类资源		0.497***	0.496***	0.482***	0.494***	0.559***	0.520***
技术关系嵌入性			0.000	0.011	-0.001	0.016	-0.003
业务关系嵌入性			-0.019	-0.064	-0.016	0.003	-0.012
生产经营类资源×技术关系嵌入性				-0.156			
组织文化类资源×技术关系嵌入性					0.035		
生产经营类资源×业务关系嵌入性						0.215**	
组织文化类资源×业务关系嵌入性							-0.078
R^2	0.100	0.525	0.526	0.546	0.527	0.565	0.530
Adj R^2	0.061	0.482	0.458	0.469	0.446	0.490	0.450
ΔR^2		0.425***	0.001	0.020***	0.001	0.039***	0.004

注：表中列示的是标准化回归系数；模型Ⅳ至模型Ⅶ中的ΔR^2是与模型3相比较；* 表示 $P < 0.10$，** 表示 $P < 0.05$，*** 表示 $P < 0.01$。

　　模型Ⅱ的结果表明，加入生产经营类资源和组织文化类资源两个自变量，模型的解释力显著提高（$\Delta R^2 = 0.425$，$P < 0.01$）。在0.01的显著性水平下，生产经营类资源与企业升级存在显著正相关关系（$\beta = 0.437$），H4.1a 得到验

证；组织文化类资源与企业升级存在显著正相关关系（β = 0. 497），H4. 2b 也得到验证。模型Ⅲ的结果表明，增加技术关系嵌入性和业务关系嵌入性两个网络联结调节变量，模型的解释力并没有显著提高，并且技术关系嵌入性和业务关系嵌入性两个调节变量与企业升级关系也不显著，H4. 2a、H4. 2b 未得到支持。

检验技术关系嵌入性的调节效应时，模型Ⅳ增加了生产经营类资源与技术关系嵌入性的交互项，结果表明虽然模型的解释力得到显著提高（ΔR^2 = 0. 020，P < 0. 01），但技术关系嵌入性网络联结对于基础类资源与企业升级之间关系的调节作用并不显著；模型Ⅴ增加了组织文化类资源与技术关系嵌入性的交互项，结果表明，模型的解释力没有显著提高，技术关系嵌入性对于组织文化类资源与企业升级之间关系的调节作用不显著。因此 H4. 3a 没有得到验证。

检验业务关系嵌入性的调节效应时，模型Ⅵ增加了生产经营类资源与业务关系嵌入性的交互项，结果表明模型的解释力得到显著提高（ΔR^2 = 0. 039，P < 0. 01），并且业务关系嵌入性网络联结对于基础类资源与企业升级之间的作用关系具有显著的正向调节作用（β = 0. 215，P < 0. 01）；模型Ⅶ增加了组织文化类资源与业务关系嵌入性的交互项，结果则表明，模型的解释力没有显著提高，业务关系嵌入性网络联结对于组织类资源与企业升级之间关系的调节作用不显著。因此 H4. 3b 仅得到了部分支持。

为了更直观地揭示业务关系嵌入性网络联结对生产经营类资源与企业升级之间的调节作用，本书给出了生产经营类资源与业务关系嵌入性之间交互作用的斜率图（见图 4 - 1）。可以看出，对于具有高业务关系嵌入性网络联结的本土企业来说，基础类资源与企业升级之间的正向作用较强，提升生产经营类资源可以有效促进企业升级；而对于低业务关系嵌入性的本土企业来说，提升生产经营类资源对企业升级的促进作用则相对较弱。

综合上述假设检验结果可知，在企业内部资源对企业升级的影响研究中，生产经营类资源和组织文化类资源对升级正相关的假设均得到了实证支持。在网络关系嵌入性的调节作用检验中，只有业务关系嵌入性网络联结在生产经营类资源与企业升级之间的调节作用得到实证支持，而网络关系嵌入性对企业升级的影响、技术关系嵌入性网络联结在企业资源与企业升级之间的调节作用以及业务嵌入性在组织文化类资源与企业升级之间的调节作用均没有得到实证结果的支持。假设检验结果见表 4 - 7。

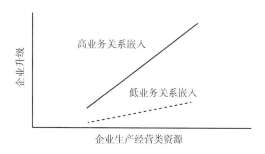

图 4 – 1   交互效应

表 4 – 7   检验假设结果

假　　　设		结果
H4.1a	生产经营类资源状况对本土企业升级有正向影响	支持
H4.1b	组织文化类资源状况对本土企业升级有正向影响	支持
H4.2a	技术关系嵌入性对本土企业升级有正向影响	拒绝
H4.2b	业务关系嵌入性对本土企业升级有正向影响	拒绝
H4.3a	技术关系嵌入性正向调节内部资源与企业升级之间的关系	拒绝
H4.3b	业务关系嵌入性正向调节内部资源与企业升级之间的关系	部分支持

第四节　本章小结

本书以 116 家与国外伙伴建立了网络联结的本土制造企业作为样本，应用资源基础理论和社会网络理论作为研究的理论源泉，针对企业内部资源、全球网络关系嵌入性与本土制造企业升级的作用机制进行了实证研究，得出以下基本结论。

首先，本土企业自身拥有的资源状况对升级产生直接正向影响，但与国外业务伙伴之间建立的网络联结则未对升级产生直接影响。由于全球网络下领先企业的战略布局是将中国本土企业定位成生产制造车间，以充分利用其所拥有的制造类资源为其获取高额利润服务。在技术关系嵌入性网络联结中，国外领先企业能够为本土企业提供的技术大多只局限依附于资本品（如设备和中间产品等）和相应的技术服务中的知识，是包括蕴含于新材料中的产品知识、产品质量的控制和检测和生产工艺等如何应用资本品中的技术诀窍；在业务嵌入性网络联结中，本土企业从国外领先企业所获取的则大多为类似国际市场需求、国外同行产品信息等一般性的显性知识。虽然这些知识可以帮助本土企业了解市场、提升工艺从而生产出符合国际要求的产品，但却并不会帮助本土企业实现产品设计和品牌开拓等价值链高端的知识转移，因而对企业升级的直接作用并不明显。相反在技术创新透明度较高、知识产权保护相对较弱的国内环境中，自身拥有较强生产经营类资源和组织文化类资源的本土企业可以通过模仿、复制等手段吸收技术知识、缩短技术落差，提升企业创新能力进而实现升级。

其次，不同类型的网络联结在企业资源和升级之间关系中的调节作用存在差异，只有业务嵌入性网络联结在企业基础类资源对企业升级之间起了正向的调节作用，而其他情况并不存在显著的调节作用。这是因为在全球生产网络的大背景下，国外企业看重的是中国企业低成本，快速、高效的制造能力以及弹性的交货能力——即决定企业生产经营能力的基础类资源，因此拥有基础类资源越多的本土企业越能够吸引国外伙伴与之建立长期、稳定的网络联结。那些拥有较强基础类资源同时又与国外伙伴建立起较多业务关系嵌入性网络联结的本土企业，可以通过在全球范围内整合内部资源和外部互补性资产，更充分地利用全球范围内的商业资源，如已经形成的独特经营环境及当地市场的客户、知识、人脉、品牌等，发挥其所拥有基础类资源的优势，提供满足客户需求的产品与服务，有利于实现价值链重组及企业升级。

本研究结果对于企业升级实践具有重要启示。一方面，本土企业要努力通过对价值链活动进行有效组织、培养高水平的质量和服务意识并鼓励员工持续地学习和创新精神等方式，积累和提升自身的生产经营类资源和组织文化类资源；另一方面，自身具有一定的基础类资源的本土企业，需凭借其良好的低成本生产经营能力，主动在全球生产网络中与更多国外领先企业构建多样性的业务关系嵌入性网络联结，以获取高端网络资源和多样化的信息，以实现优势互补，提高自身资源的利用效率实现企业升级。

第五章 全球生产网络下本土企业 升级协同演化机制分析

  尽管前面对全球生产网络背景下企业升级机制进行了理论与实证研究，但研究视角仍停留在较为单一和静止的状态下，没有涉及其随时间变化，企业升级与企业积累及网络嵌入性演化的动态规律。现有的企业资源及网络动态研究大多遵循尼尔森和温特（Nelson & Winter，1982）的演化理论框架来解释网络形成，认为企业内部资源积累和企业网络的变化是具有路径依赖的，受企业家无法控制的外生因素的影响，偶然性的机会和累积的历史路径在网络演化中发挥更大的作用（Baum & Singh，1994；Burton et al.，1998；等）。国内学者虽然普遍赞同全球生产网络对我国制造企业升级具有战略性意义，但却少有研究去探索全球生产网络对企业升级影响的作用机制，尤其是如何借助与领先企业建立起来的企业网络的动态变化，适时进行战略调整以不断提高企业在全球产品分工中的地位，进而突破所面临的"升级困境"。

  基于之前的研究，本部分将资源基础理论、网络理论、全球价值链升级理论和演化理论作为研究的理论源泉，加以融合形成一个更为全面的企业升级动态协同演化机制。通过聚焦全球生产网络背景下我国制造企业如何实现升级这一核心问题，重点进行两个方面的探讨：一是企业在融入国际分工体系过程中企业内部资源、网络与企业升级的协同演化规律；二是随着时间的变化企业应如何建立适合的网络联结以保持持续升级。目的在于充分揭示企业升级的动态演化机制，更深入和系统地理解全球生产网络背景下企业资源的积累、企业网络的形成与演变及其对企业升级影响的内在作用机制，寻求全球网络背景下中国制造企业的升级路径，为中国本土制造企业的转型升级提供指导。

第一节　研究设计

一、方法选择

案例研究方法是一种考量情境与研究问题契合性的研究设计逻辑，通过对案例进行翔实的描述和系统的理解，发现所处的情境脉络和动态互动历程，形成一个较全面的理论观点，本研究属于特定情境下的问题研究，适合案例研究方法。相比于单案例研究仅也单一案例为研究对象，多案例研究通过案例间的比较分析，多方寻找支持与对立证据，有利于形成更加严谨完整、有说服力且可以验证的理论和命题，从而提高研究效度，适用于过程和机理类问题的研究。本部分的目的在于揭示全球生产网络背景下本土企业升级的动态演化机制，属于这一研究范畴，因此适用于多案例的研究方法。

纵向案例研究通过设定固定的时间间隔，通过分析案例企业在不同时期的变化，更好更深入地检视和剖析研究框架中所提出的问题，从而保证案例研究的深度，捕捉和追踪管理实践中涌现出来的新现象和新问题，同时通过多案例分析得出的理论或观点也能够适用相似问题的分析和理解。因此本研究采用纵向多案例的研究方法进行理论模型构建和相关命题的提出。

二、案例企业选择

遵从桑德斯（Sanders，1982）对于多案例研究的最佳数量为 3～6 个的建议，本研究选择了三家样本企业进行案例研究，选取的标准为有利于本研究问题（即本土企业升级的演化机制）的理论构建。这三家企业分别是吉利、联想和华为，均为进入 2015 年中国民营企业 500 强前 10 名的中国本土制造企业的典型代表（见表 5 - 1）。

经济全球一体化背景下，中国本土制造业凭借在市场潜力、区位及制造成本等方面的比较优势融入全球生产网络中去，获得快速的发展并在开放的全球网络分工中发挥着越来越重要的作用。本研究选择的三家公司，均是利用全生产球网络，通过技术合作、海外建厂、跨国公司合资并购等形式与领先跨国公司建立联系以及在合作过程中的不断学习，最终在工艺流程、产品、功能等多方面成功实现升级的典型代表。随着企业技术能力和市场竞争力的提升，这些本土企业不仅在国内市场上与跨国公司直接竞争，也开始向海外市场扩张，在国际市场上与跨国公司展开竞争。案例企业基本情况见表 5 - 2。

表 5 - 1   **2015 年中国民营企业 500 强前 10 名**

排名	企业名称	省市	所属行业	营业收入（万元）
1	联想控股股份有限公司	北京市	计算机、通信和其他电子设备制造业	28947583
2	华为投资控股有限公司	广东省	计算机、通信和其他电子设备制造业	28819700
3	苏宁控股集团	江苏省	零售业	28294180
4	山东魏桥创业集团有限公司	山东省	有色金属冶炼和压延加工业	28193071
5	正威国际集团有限公司	广东省	有色金属冶炼和压延加工业	26871182
6	江苏沙钢集团有限公司	江苏省	黑色金属冶炼和压延加工业	24853607
7	大连万达集团股份有限公司	辽宁省	房地产业	24248000
8	中国华信能源有限公司	上海市	批发业	21399476
9	恒力集团有限公司	江苏省	化学原料和化学制品制造业	16352810
10	浙江吉利控股集团有限公司	浙江省	汽车制造业	15395264

表 5 - 2   **案例企业基本情况**

企业	联想集团	吉利集团	华为技术有限公司
主要业务	计算机	汽车整车和动力总成	通信设备
开始国际化时间	1988 年与中国香港导远电脑有限公司建立合资公司	2002 年与意大利汽车集团公司合作造车	1996 年与中国香港和记电讯签订技术转让合同
行业地位	全球最大的 PC 企业，智能手机业务和 x86 服务器业务列全球第三，在全球范围内提供创新的消费、商用和企业级技术产品及专业服务，客户遍布全球 160 多个国家	企业连续四年进入世界 500 强，连续十二年进入中国企业 500 强，连续九年进入中国汽车行业十强，是国家"创新型企业"和"国家汽车整车出口基地企业"	全球领先的信息与通信解决方案供应商，公司的电信网络设备、IT 设备和解决方案及智能终端等业务遍及全球 170 多个国家和地区

资料来源：根据企业网站整理。

联想于 1984 年由中科院计算所投资 20 万元，11 名科技人员创立至今 30 余年，已经发展为世界第三大 PC 供应商，成为开放环境下"与狼共舞"的本土企业成功代表。随着企业的不断壮大,继 2004 年联想集团收购 IBM 的 PC 事业部之后,2014 年 10 月联想集团又宣布公司对摩托罗拉移动的收购,成为中国本土企业国际化的典范。

作为本土汽车企业的成功代表,吉利集团进入汽车领域的时间虽然不到二十年,但却已经在国外设立了制造工厂和研发中心,在车型和关键部件开发方面取得了快速长足的进步,产品正在逐渐占领国际市场,尤其是 2010 年 8 月,吉利集团更是一鼓作气以 18 亿美元收购了沃尔沃轿车 100% 的股权和相关资产。成为中国国内汽车行业十强中唯一一家民营企业,并入选 2012 年《财富》世界 500 强。

华为自 1987 年在深圳创立以来,不到 30 年的时间里从初始资本只有 21000 元人民币的民营企业成长为年销售规模超过 2880 亿元人民币的世界 500 强公司。作为全球领先的信息与通信解决方案供应商,华为服务着全球运营商 50 强中的 45 家以及超过 1/3 的人口,其全球化的均衡布局使公司在运营商业务、企业业务和消费者业务领域均获得了稳定健康的发展,是中国制造业的典范和标杆。

联想、吉利和华为这三家企业在全球化背景下,通过与国外领先企业建立网络联结、控制价值链中的重要战略环节,成功构建了一条由自己主导的全球价值链参与全球竞争,并不断进行技术强化和品牌提升,最终实现了自主品牌向国际品牌的成功转变。因此,对这些企业如何在全球生产网络背景下实现升级的过程进行分析,对我国现有的本土企业突破全球价值链低端困境,充分利用国内外资源实现升级具有重要的借鉴经验和启示。

三、数据收集和数据分析

由于联想、华为和吉利三家公司的公共数据非常充裕,因此案例资料的收集主要是来自于多种来源的公共数据(包括公司年报、公司网站、媒体对公司领导人的访问、报纸杂志对企业的报道、公司领导人著作、学术界产业界对企业的研究形成的论文、著作和研究报告等)。具体步骤如下:首先,通过公司网站提供的企业大事年表,提取企业在全球网络中与国外企业合作和企业升级相关的关键事件,选择企业发展中的重要时间点;其次,对企业大事年表无法提供的某些重要战略事件或具体运作细节,进一步通过报纸、期刊、其他网站等多种渠道查找获取信息,补充完善建立比较完整的公司升级历史;最后,为了核实关键数据或信息以及对某些问题深入理解,我们与这几家公司中高层管理者进行了短暂访谈，并通过后续的电子邮件和电话沟通等方式以确认、核实及获取更多信息。

在数据收集过程中，由于可能受到资料收集过程中先入为主的倾向性和受访企业代表回答主观性的影响，本研究遵循伊（2003）的建议采用多种方法避免或弥补这一影响，例如尽量将访谈记录与企业内部报告、期刊文献及企业新闻报道等资料结合起来，以强化证据之间的相互印证，确保数据收集的信度与效度。通过对公司的全球化及发展历史的相关资料进行整理分析，并深入探寻"本土企业如何通过嵌入全球网络并一步步实现转型升级"的答案，在这一过程中发现全球生产网络下吉利企业发展中的三个关键事件，即内部资源积累、全球网络联结的建立和企业升级的实现，以及三者之间的关系。

第二节　案例企业升级过程分析

一、联想集团

通过数据收集、数据分析和概念化，最终结合已有的文献研究并根据企业全球化和企业升级过程中的显著转折点和关键事件，将联想集团升级过程分为两个阶段：第一阶段是基于贸工技路线的过程升级和产品升级；第二阶段是从多元化向核心领域回归的功能升级阶段（见表5-3）。

表5-3　　　　　　　全球生产网络背景下联想升级阶段划分

	第一阶段（1984~2003年）	第二阶段（2004年至今）
成长路径	基于"贸工技"路线的过程和产品升级	从多元化向核心领域回归的功能升级
网络关系嵌入性	业务关系嵌入：品牌代理；合资并购	业务/技术关系嵌入性：并购
	技术关系嵌入：技术咨询、学习交流	
资源积累	生产经营类资源：低成本制造资源；一般性营销知识及市场感知能力；技术组织、技术吸收和改进能力	生产经营类资源：全球化营销资源；全球化技术资源；全球化制造资源
	组织文化类资源：学习意识；服务、求实、创新和合作	组织文化类资源：国际化文化

续表

	第一阶段（1984～2003 年）	第二阶段（2004 年至今）
升级标志	过程升级：建成生产基地，形成低成本的计算机批量生产能力 产品升级：立足本土市场，开发了 286/386/486 电脑、一体机等新产品	功能升级：形成全球化销售网络、全球化研发体系和全球化品牌

（一）　第一阶段（1984～2003 年）：基于"贸工技"路线的过程和产品升级

联想成立之初出于缺乏经验技术且竞争环境恶劣的考虑，企业选择"贸工技"的发展路线。首先通过为 IBM、AST、HP、东芝等国外大的 IT 公司做代理，了解市场、学习管理并积累资金，然后开发自己的联想品牌产品，循序渐进地做产品设计和生产。

1. "贸工技"的发展路径

起步阶段，联想选定了美国 AST 公司作为合作伙伴，成为 AST 电脑在中国内地的唯一代理商，经过双方共同努力，AST 电脑成为中国微机市场上的主导机型，并连续数年成为在中国销量最大的微机。在做代理商期间，联想积极探索海外计算机市场销售渠道、学习市场知识、积累营销经验，从中选择未来自己进入电脑市场的产品，为"工"和"技"作准备。当时的电脑技术上，美国和日本具有垄断优势，如果想在核心技术和关键部件上对国外领先企业竞争几乎是不可能的。经过大量调研和分析，联想将市场定位于电脑主机板的开发和制造，在借国外品牌电脑的同时，积累资金、销售经验并学习电脑整机开发技术，逐步创造中国市场的主导型电脑。

1988 年 4 月，联想与香港导远电脑公司、中国技术转让公司合资成立"香港联想科技有限公司"，以开展电脑及配件贸易为主要业务。联想设立的合资公司取得了极大的成功，开办当年营业额达到 1.2 亿港元，同年 8 月，联想出资 100 万港元收购了香港一家有生产能力的 Quantum 公司。此后，联想开始投入电脑主机板的开发活动，公司将产品开发和产品销售两大环节放在香港，便于技术人员紧密跟踪市场和技术动向，及时获得市场信息和技术信息，缩短公司产品开发周期；同时将产品批量生产环节放在内地的生产基地，也便有效利用内地低人工费用，降低生产成本。

1990 年，联想获得计算机生产许可证，以当时的低档 286 主机板为突破口，开始批量生产和出口主机板及自主品牌的电脑产品。此后，联想又投资

2000万美元在波兰设立制造工厂，工厂向欧洲、中东和非洲的客户提供产品组装和配置。同时联想在美国硅谷设立研发机构，收集美国PC领域最新技术信息，追踪发展动态。通过在欧洲设立工厂、在美国设立研发中心，联想在短时间内把握了计算机领域先进的技术发展趋势。在产品质量上，联想制定了高于国家行业标准的企业标准，同时下大力气在降低产品成本和提高产品性价比上，并努力为客户提供一流的服务。

继1990年联想推出第一台自有品牌286电脑后，相继推出386、486、586处"奔腾"处理器的新型计算机，坚定地走上了自主品牌的发展道路。1994年联想成立自主品牌的微机事业部，研发了包括主板技术、一体机和千禧电脑等技术，海外事业部研发了掌上电脑和主板免跳线技术，当年公司主机板出口500万套，占全球市场10%。

2. 基于本土市场的业务扩张

虽然1994年联想已经成为成为拥有27个海外子公司、具备一定规模的高科技公司，但联想的理想是成为计算机产业的大型跨国集团。与国外跨国公司相比，联想大规模国际化的能力还不够，也不具备品牌优势，因此在对企业的技术、人才和资金等情况进行认真分析的基础上，1996年联想明确了一条战略路线，几年内将主要精力放在中国本地市场，在本土市场上与世界著名厂商角逐，创造和发展联想品牌的名牌电脑。

柳传志曾说："我们提出国际与国内市场同时发展，但首先是站稳中国市场。中国市场足够大，我们又拥有中国最大的销售网络，这就能同掌握核心技术的英特尔、微软等超级巨头结成战略联盟，以资源换资源。"联想积极模仿和学习行业内国际领先企业先进的管理经验、方法和制度，包括向惠普公司学习流程和运营管理，向戴尔学习直销的管理链。在学习中联想并未不假思索地完全照搬模仿这些管理模式和方法，而是在实践中根据自身企业和产品的特点灵活加以改进，严格控制供应链的库存和资金占用，制定了元器件和产成品库存定期贬值制度。至2000年，联想从采购、生产到销售的供应链周期从60天压缩到20天，成功实现成本领先战略，其在国内PC市场的占有份额达到28%。由此，联想凭借渠道控制、供应链和模仿创新能力在中国本土市场上获得费者认可，长期保持国内市场的第一名。

2001~2003年，在"做大"思想的驱使下，联想选择了多元化战略，开始投资互联网、手机、IT三个领域。但由于对市场预期过于乐观、对WTO后市场竞争局面变化估计不足以及缺乏多元化业务的拓展和管理能力，结果表现得不尽如人意，连原本在国内市场占有绝对优势的 PC 业务，增长率也落后于戴尔，2003 年，联想国内市场份额由近 30% 下降到 21.3%，戴尔在亚洲市场的收入已超过联想的全年营业额。其根本原因在于与国外领先企业相比，联想的技术创新能力和品牌知名度仍然存在较大差距，2003 年海外销售收入只占集团主营业务收入的 3%，且仅停留在产品加工及出口这些价值链低端环节，没有真正意义上的品牌战略和品牌服务。因此，如何在核心技术形成的前提下，将自主品牌电脑卖到海外去，是联想面临的重大问题，2003 年年底联想调整战略，集中精力专注于 PC 业务，回归核心领域走国际化道路。

3. 内部资源、网络关系嵌入性与升级的演化关系

"贸工技"阶段联想经历以下三个步骤：第一步贸易阶段，选择作为知名品牌电脑制造商的贸易代理商进入该 PC 行业，在销售中学习准确了解市场需求和发展动向，积累了一般性营销知识和市场感知能力等营销资源；第二步工业阶段，进入生产领域，发展产品生产新技术和新工艺，学习国外领先企业先进的运营和流程管理知识、压缩运转周期、降低库存，积累了包括交货能力、生产能力、质量能力等在内的低成本规模制造资源，实现了过程升级；第三步技术阶段，立足"本土市场"，以制造企业和管理技术为基础大力发展应用技术，进而发展前瞻性技术，开发了 286/386/486 电脑、一体机、一键上网等新产品，初步实现了产品升级。在技术阶段，联想以市场为导向倡导为客户解决问题，其每一次向国外企业的技术引进和学习、每一次自主完成的突破和创新都是在市场驱动下进行的，通过对本土市场需求进行分析，对国外先进的技术和知识进行改造性应用，并在这个过程中培养了自己的科研队伍，积累了包括技术组织、技术吸收能力和改进能力在内的技术资源。

从"贸"向"工"再向"技"的转变过程中，联想的学习意识和学习能力发挥了重要作用。该阶段联想主要的学习对象和学习内容见表 5 - 4。向合作伙伴学习、向行业中领先的竞争对手学习，使得联想得以全面掌握产品开发、生产制造、运营管理、市场运作等多方面的知识和技能，从而具备低成本的规模制造能力；向客户学习、了解客户的需求、获取市场信息从而掌握应对消费者的需求设计及改进产品技术和结构的能力。同时，伴随企业的发展，联想组织文化的内涵也不断丰富，在 2002 年形成"服务客户、精准求实、创业创新、合作共享"的核心价值观，2003 年联想英文标志从"Legend"更换为"Lenovo"，进一步强调了联想的创新精神。至此，联想正式形成以服务和创新为核心的组织文化。

表5－4   联想主要的学习对象和学习内容

发展阶段	学习对象	学习内容
贸易阶段	惠普、AST 等	市场运作、渠道建设、管理方法和管理经验等
工业阶段	东芝、惠普等	ERP、物流、库存管理、成本控制
技术阶段	戴尔等	销售模式、生产制造与技术开发的有机结合

资料来源：中国企业成功之道联想集团案例研究组．联想成功之道［M］．北京：机械工业出版社，2012。

综上所述，第一阶段联想的企业资源、网络关系嵌入及升级之间演化关系见图 5－1。

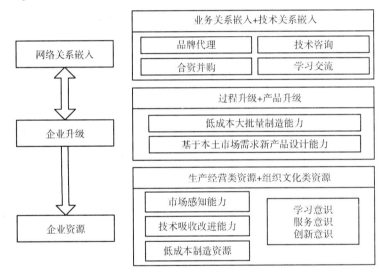

图 5－1 联想阶段一演化模型

（二）第二阶段（2004 年至今）：从多元化向核心领域回归的功能升级

1. 基于并购模式的联想国际化

重新回归核心领域选择走国际化道路的联想主要面临三个方面的不足：一是技术积累少，技术创新能力弱，特别是笔记本电脑产品研发技术非常薄弱；二是国际营销网络基本处于空白状态；三是国际市场上的品牌影响力小。

2004 年 12 月 8 日，联想集团与 IBM 签署了一项重要协议。根据协议联想将收购 IBM 个人电脑事业部（即 IBM 的笔记本和台式电脑业务），联想将获得包括客户、分销、经销和直销渠道，"Think"系列商标及相关技术，IBM 在

PC 领域的 4000 多项专利，拥有多条生产线的 IBM 深圳合资公司和位于日本大和、美国北卡罗来纳州罗利的研发中心在内的经营资产。2005 年 5 月 1 日联想正式宣布完成收购 IBM 的 PC 事业部，并购后新联想拥有了在全球范围开展业务的能力，尤其是向大型企业客户提供高品质服务的能力，成为一家拥有强大品牌、丰富产品组合和领先研发能力的国际化大型企业。分别在北京、巴黎、罗利和新加坡拥有运营中心，生产基础和组装设施分布在中国、印度、墨西哥和美国，制造和物流基地设在中国、墨西哥、美国、波兰、印度、马来西亚、日本和澳大利亚等国家和地区，联想在全球范围内采用合同制造和 OEM 方式进行生产和组装，打造了自己主导的全球制造网络。同时借助自己的销售机构、业务合作伙伴及与 IBM 的联盟，构建了新联想的全球销售网络，将重点市场从国内调整为北美、欧洲和日本这三个全球最大的 PC 销售区域，并购后联想全球市场份额由原来的 3.4% 上升到 8.3%，由原来在全球 PC 市场份额排名第 8 位升至第 3 位。

并购后使联想在五年内无偿使用 IBM 品牌，完全获得 "Think" 这一高端品牌。依托 IBM 高价值、高形象的全球高端品牌，新联想加大力度宣传 "TinkPad" 笔记本品牌和 "TinkCentre" 桌面品牌，以此作为进入国际市场的敲门砖，同时积极提升 "Lenovo" 这一自主品牌形象。通过与可口可乐公司等公司建立战略合作伙伴关系，联想充分利用合作方的品牌、渠道及营销优势，进行品牌建设和市场拓展，同时大力赞助北京奥运会、冬季奥运会、博鳌亚洲论坛等大型活动，成为全球瞩目的电脑供应商。这些营销措施，不仅巩固了 "TinkPad" 和 "TinkCentre" 的品牌影响力，并且提升了自主品牌 "Lenovo" 的认知度、美誉度，扩大了国际影响力。

完成收购后的联想建立了以北京、东京和美国罗利三大研发基地为支点的全球研发架构（见图 5 - 2），并从战略的角度设计了联想全球协同高效的创新体系。在这个体系中，中、美、日三方采取优势互补，分工合作的方式形成全球一体化的研发团队，共同完成项目任务。有赖于联想的高效整合、积累学习的组织文化，研发团队之间的合作大提升了联想本土工程师的技术创新能力，例如由于少有机会参与顶层和大规模软件的架构设计，联想本土工程师对全球交付的复杂标准和多样需求缺少知识和经验，而 IBM PC 事业部在软件和硬件都具有很强的架构能力，通过合作中方工程师从 IBM PC 事业部员工身上学到了很多软件整体架构方面的知识。并购后新联想在技术创新方面取得了丰硕的成果，例如 2008 年与日本研发中心合作开发了全球最薄的全功能笔记本。

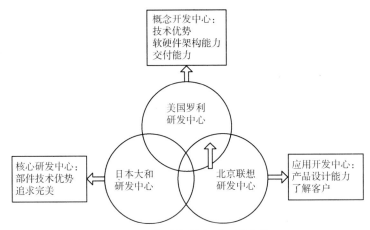

图5-2   新联想的全球研发架构

资料来源：中国企业成功之道联想集团案例研究组. 联想成功之道［M］. 北京：机械工业出版社，2012。

收购 IBM PC 只是联想国际化战略的第一步，2011 年宣布并购成功后，联想加快了国际化的步伐（见表5-5）。随着全球 PC 产业增长速度下滑，联想开始发展移动互联网和数字家庭业务，专注研发智能手机、平板电脑、智能电视等终端，将竞争对手定位从 PC 上的惠普、戴尔转向智能终端上的苹果、三星。通过收购摩托罗拉移动，联想迅速进入国际智能终端市场。

表5-5   为近年来联想主要的并购举措

时　　间	并购举措
2011 年 7 月	与日本 NEC 成立合资公司，进入日本市场并占据市场份额第一
2011 年 6 月	收购德国电脑生产商 Medion，拓展欧洲消费电子市场，尤其是移动互联网终端市场
2012 年 9 月 5 日	收购巴西个人电脑和消费电子行业企业 CCE 公司
2014 年 1 月 30 日	收购了摩托罗拉移动
2014 年 10 月 1 日	收购 IBM X86 服务器业务

2. 内部资源、网络关系嵌入与企业升级演化关系

经过第二阶段的资源和能力积累，联想已经积累了低成本批量制造能力和产品设计能力，初步实现了过程升级和产品升级。在此之后，进入转型阶段的联想通过跨国并购的方式迅速建立起全球化的销售网络、生产基地和研发体系，构建了一条由自己主导的全球价值链网络。并购当年联想以 6.4% 的市场占有率位居全球第三，排在戴尔和惠普之后，但进入 2008/2009 财年联想连续三年在全球 PC 厂商中保持了最快的增长速度（见图 5 - 3）。2011 年 7 月联想 PC 出货量超越戴尔成为全球第二大生产商，2012 年 10 月第三季度销售量超越惠普成为全球 PC 行业老大，业务遍布全球 160 多个国家，品牌在海外的知名度大大提高。同时并购后新联想不仅通过充分利用和改进 IBM PC 事业部的先进技术，大大提升在原有中低端电脑产品线的竞争力，更借助 IBM PC 事业部的研发力量与研发成果，扭转了在商务电脑领域与全球 PC 巨头竞争的技术劣势，拥有了一条从高端到低端的完整产品线，牢牢占据了与戴尔等大公司的技术领先优势。由此可见，并购后联想大大增强了其在全球生产网络中的价值获取和价值创造能力，实现了功能升级。与此同时，在多个国家和地区同时发展的联想面对集团内部员工国籍多元、文化多元的现实，致力于寻找互相理解、彼此尊重的行为文化，促进文化的融合，最终形成开放、包容、妥协、理解的兼容并蓄的多元化文化。

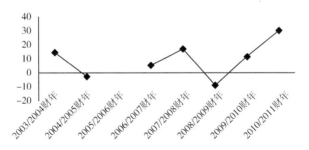

图 5 - 3　并购前后联想销售增长率

综上所述，第二阶段，联想集团企业资源、网络关系嵌入与升级演化关系见图 5 - 4。

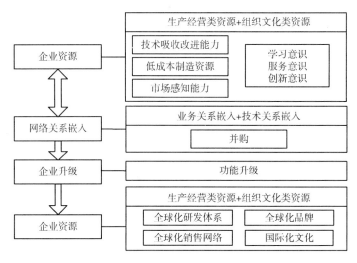

图5-4　联想阶段二演化模型

二、吉利集团

通过数据收集、数据分析和概念化，最终结合已有的文献研究并根据企业全球化和企业升级过程中的显著转折点和关键事件，将吉利企业升级过程分为三个阶段：第一阶段是基于国内价值链整合的过程升级阶段；第二阶段是基于国际合作的产品升级阶段；第三阶段是基于全球化网络的功能升级阶段（见表5-6）。

表5-6　　　　　　　全球生产网络背景下吉利升级阶段划分

	第一阶段 （1997~2002 年）	第二阶段 （2003~2006 年）		第三阶段 （2007 年至今）	
成长路径	基于国内价值链整合的过程升级	基于国际技术合作的产品升级		基于全球化网络的功能升级	
网络关系嵌入性		技术关系嵌入性	技术合作	业务关系嵌入性	联合营销供应商合作 合作制造　合资并购
				技术关系嵌入性	合资并购

续表

	第一阶段 （1997～2002 年）	第二阶段 （2003～2006 年）		第三阶段 （2007 年至今）	
资源 积累	制造资源	生产经营 类资源	技术创新能力 战略性技术 资产	生产经营 类资源	全球化制造资源 全球化技术资源 全球化营销资源
		组织文化 类资源	吉利精神	组织文化 类资源	全球型企业文化
升级 标志	过程升级：生产基 地建成，形成批量 生产能力，进入国 内轿车市场	产品升级：技术基础体系 建设，形成平台化产品开 发体系		功能升级：不断提高在全球网络中的价 值获取和价值创造能力	

（一）第一阶段（1997～2002 年）：基于国内价值链整合的过程升级

在吉利进入轿车制造业之前，合资品牌轿车主要以购买力高、人口规模小的"金字塔顶层"为目标市场，而购买力相对不足、人口规模庞大的"金字塔底层"市场尚未开发。在对国内市场需求和以合资企业为主的竞争对手进行分析基础上，吉利选择"以低价换市场"的策略进入竞争激烈的汽车市场，"造老百姓买得起的好车"，主打产品为 5 万元以下的经济型小排量汽车。鉴于初期企业无技术、无资金、无人才、无网络的基础，企业面临生产要素缺乏、品牌、技术、市场经验不足及组织管理水平落后这样的企业资源能力劣势，吉利选择模仿国外成熟车型，在建立广泛的采购体系基础上以自建生产设备的方式组织生产。最初阶段为获得制造成本优势，除在某些关键工序（如焊接工序）上采购国际通用设备（如 ABB 焊接机器手）外，吉利大量自主研制工艺工装，建立自主设计的生产线，并与当地零部件配套企业建立广泛的企业网络，通过整合内外部价值链的方式迅速积累起低成本生产经营类资源。在这一阶段，通过整合内外部价值链的方式吉利迅速获得了经济型轿车的批量生产能力源，至 2002 年吉利在全国销售汽车 5 万辆，初步实现过程升级。

1. 建立配套供应体系

20 世纪 90 年代末的台州已经发展形成了初具规模的汽车零部件产业，并且价格低廉，同类产品价格只有进口价格的 1/3 至 1/2。这些曾经追随吉利干过摩托车配套的民营企业在吉利进入汽车制造业后，仍然选择追随吉利成为其主要零配件的供应商。在与零部件企业合作过程中，通过分工合作、分头攻关的形式，吉利积极培育并带动关键供应商的发展和技术水平的提升，建立了以生产基地为中心的配套供应网络，并自主设计内外无缝链接的物流链，以快速、准确的零配件传递进一步巩固低成本优势。

2. 吸收专业管理和技术人才

进入汽车领域初期，吉利缺乏专业管理和技术人才，因此广泛地从外部吸收引进了大量的专业人才。例如，吉利的技术副总是原天津汽车集团技术部的一位副部长，这位副总同时还带来了大量原天津汽车集团的技术工人；负责造型和零部件，并为吉利设计打造"美人豹"跑车的是原武汉工业大学的一位副教授；负责变速箱的产品开发与生产的是原天津汽车集团齿轮厂、享有国务院特殊津贴的专家。

3. "反求工程"是吉利内部学习的主要方式

1998年，通过解构夏利一款新车型，改制成吉利第一款车"豪情"，正式进入国内轿车市场。通过整车解剖和测绘，吉利建立了自己的轿车研制数据库，并以回避侵犯他人知识产权为目标，通过不断试错进一步积累经验数据。

总之，1997~2002年，吉利通过建立新的生产基地，缩短生产线工位扩大产能降低生产成本、积极打造供应体系控制采购成本、广泛地引进人才、积极提升学习能力控制人力成本等途径，依靠内外部价值链整合初步形成了包括制造设施（生产基地和技术装备）、制造组织（供应网络关系、工程师和技术工人）以及一般性制造知识在内的基础性制造资源，并通过反求工程积累了包括数据库、图纸等的显性专有制造资产和与生产相关的经验、技能、诀窍等隐性制造资产，极大地扩大了生产规模、降低了生产成本，初步实现了过程升级。

（二）第二阶段：基于国际技术合作的产品升级（2003~2006年）

成功地具备经济型轿车批量生产能力的吉利为更好地满足市场需求，开始着眼于现有产品的优化和升级换代，2002年企业开始建设包括产品开发体系、技术管理体系和产品验证确认体系在内的三大技术基础体系。同时吉利开始尝试与发达国家领先企业建立网络联结，以技术合作的方式进行产品开发。

1. 与国外领先企业合作开发产品

吉利先后与包括韩国大宇国际、意大利汽车项目集团、德国瑞克等发达国家的领先企业建立了以获取技术资源为目的的网络联结。2002 年 12 月吉利集团与意大利汽车集团公司合作造车，由于产品研发能力较弱，研发人员从图纸设计开始学起，在合作中慢慢了解并参与到从汽车造型到样车的一整套整车开发流程中，在这个过程中接触到并熟悉欧洲的汽车工业标准、现代轿车开发理念及流程，掌握了汽车的造型设计技术以及一些设计细节和技巧。随后，吉利与韩国大宇国际 CES 公司合作完成自由舰车型的设计、开发和制造工作，研究研发人员在技术合作中熟悉和掌握了如何实施结构设计与工艺设计的同步工程以及实现整车设计流程的规范化。2003 年，为给新产品金刚设计车型，吉利又与德国吕克公司签订了合作协议，设计人员在合作过程中学习并掌握了造型创意及工程可行性分析。

吉利与国外企业的几个合作项目都以吉利集团的几个生产基地为主，形成由吉利汽车研究院和各生产基地人员相互交叉的项目组，通过企业内部的矩阵式结构对项目进行管理。在共同研发和产品开发合作中，吉利与跨国公司之间有了频繁的人员流动，这种人际沟通具有传递信号的多样性和提供反馈的迅速性的两大优势，尤其有助于获取难以用文字或语言等方式明确阐述的技术开发类隐性专有技术资产。吉利整车开发能力的转折点是与韩国合作开发自由舰，该项目第一次采用完整的数模图纸，按照国际通行的整套开发流程和开发模式运行，通过这个项目吉利研发人员在产品开发能力上面实现了质变，从此进入了计算机虚拟化设计和并行开发模式的阶段。

技术体系创新工程建设也使得吉利集团各项科技指标取得了突破性进展，2006 年集团申请及授权专利成果出现大幅增长，授权专利数达到企业成立前八年总和的 8 倍（见表 5 - 7）。通过与领先企业在产品开发与技术提升上展开全方位的技术合作，吉利有效地解决了本土企业所面临的技术"瓶颈"，在技术知识积累和产品架构能力上发生了质的变化。

表 5 - 7　　　　　　　　2000 ~ 2006 年吉利专利申请情况

年份	授权专利				申请专利			
	发明	实用新型	外观	合计	发明	实用新型	外观	合计
1997 ~ 2005	2	8	7	17	9	74	98	181
2006	0	46	88	134	8	133	89	230

资料来源：江诗松，龚丽敏，魏江. 转型经济背景下后发企业的能力追赶：一个共演模型——以吉利集团为例 [J]. 管理世界，2011 (4).

2. 内部资源、网络关系嵌入性与升级的演化关系

在经历了包括基础制造资源和战略性制造资产积累，初步实现过程升级之后，进入 2003 年吉利开始将视角转向国外企业，与国外领先企业建立起多个合作项目开发，虽然这种基于技术关系嵌入性的网络联结的形式较为单一，但却大大地促进了包括专利、图纸在内的显性专有技术资产和与研究开发有关的经验诀窍等隐性专有技术资产在内的企业战略性技术资产的积累。吉利通过与国际企业技术合作网络学习如何正规开发产品，迅速积累了轿车产品设计和制造的基本技术能力，形成独立的造型设计、工程设计、工程分析、试制试装和同步工程能力。至第二阶段末，吉利企业已经完全具备了汽车整车、发动机、变速器及新能源等关键技术的自主开发能力，研发生产出更高档的新产品，成功实现产品的更新换代，实现了产品升级。由于在全部新车型的设计中，吉利均采取在局部设计环节与国外企业进行项目合作，没有任何一款车型完全依赖国外技术，因而不会发生"有产权无知识"的情况。与国外企业技术合作中仍然坚持走自主创新、自主研发和自主知识产权的吉利成功塑造了包括创新精神、拼搏精神、学习精神、团队精神和精益求精精神在内的吉利精神，形成了特有的组织文化。

综上所述，第二阶段，吉利集团企业资源、网络关系嵌入与升级演化关系见图 5 – 5。

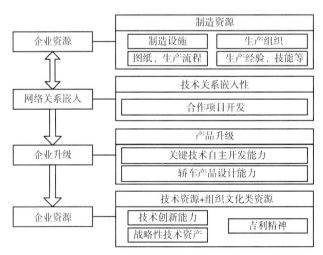

图 5 – 5　吉利阶段二演化模型

（三）第三阶段：基于全球化网络的功能升级（2007 年至今）

2007 年 5 月，吉利正式对外宣布战略转型，准备用 3～5 年的时间完成向高技术、高质量、高效率、国际化战略转型，吉利开始根据自身的发展战略在全球汽车领域中寻找目标企业，通过与更多国外领先企业建立更广泛、更为多样化的网络联结以获取技术、市场、供应商和品牌资源，实现优势互补。

1. 与国外企业合作建立销售网络和生产基地

吉利通过与国外企业合作来获取国外的市场资源。其中包括：一是与国外企业合作建立销售网络。2007 年 11 月，吉利与俄罗斯 ROLF 公司签订了价值 15 亿美金的整车供货合同，同期又与尼日利亚经销商 Hyra Motors 公司签订合作销售协议，建设尼日利亚最现代化、国际化的汽车销售中心。二是与国外企业合资、合作建立组装生产基地。吉利集团在国际市场的运营中充分立足当地，实施本土化建设，积极利用集团的产品、技术、品牌等资源，通过建设 CKD 工厂挖掘相对发达的东南亚和俄罗斯等市场。2007 年，吉利 CK - 1 CKD 组装项目正式落户印尼，IGC 公司获得独家许可，全权负责吉利汽车在印尼的组装、生产、营销、销售和分销，随后吉利又在乌克兰和俄罗斯建立了 CKD 装配基地。通过与这些国外企业的合作，吉利得以成功进入东欧和东南亚等发展中国家市场。

2. 与国外零部件供应商建立联系

吉利依靠与国外零部件企业建立网络联系获取零部件供应商的关系资源，实现从本地化、低价格向国际化、高品质、高技术转型。吉利与 16 家全球汽车零部件行业中排名前 20 的跨国公司建立了合作关系，这集中体现在首款欧洲标准高性能中级轿车帝豪 EC718 上，有来自全球 12 个国家和地区的技术领先的供应商参与到零部件供应中[①]，通过与这些零部件制造商建立长期的合作关系，吉利获得了供应商提供的产品和技术支持。2009 年 11 月吉利召开了全球采购招商大会，吉利全球化供应商体系建设开始全面深入地进行，通过选择合适的供应商，尽可能地在双方各自领先的领域进行深度

---

① 包括来自法国、美国、德国、意大利、瑞典和荷兰在内多家国外企业参与帝豪 EC718 的生产，涉及车灯、座椅、ABS + EBD、组合仪表、消声器、倒车雷达、安全气囊和天窗等多种零部件的开发与供应。

合作，以最有效的方式将供应商纳入到整车的研发生产中，从而加快原有车型的改进和新车型的开发。以帝豪为例，江森自控在 22 天的时间内就完成了一般情况下需要一年甚至更长时间的帝豪座椅的平台化设计工作。通过与国外技术领先供应商建立合作关系，吉利不仅成功地缩短了产品开发周期、降低了生产成本、提高了运作效率，并且在产品技术含量、质量和性能等方面上了新的层次。

3. 全方位的合资并购

为提升企业技术能力和自主品牌形象，吉利通过合资并购等方式获得国外企业先进技术、著名品牌、成熟销售网络等优势资源。2006 年 10 月吉利与英国锰铜公司成立合资公司，在中国推出英伦品牌并在上海生产英国老爷出租车，开创了"英国品牌，中国制造"的合作模式。李书福在记者会上毫不讳言"吉利更多考虑的是锰铜公司先进的技术和成熟的销售网，合作可以使吉利零距离接触到对方的先进技术"。2009 年 6 月，吉利汽车收购位于澳大利亚全球排名第二的自动变速器生产商 DSI，DSI 的大扭矩变速箱技术与吉利当时掌握的 4 箱自动变速箱技术形成互补，将企业自动变速箱技术水平提升了 3 ~ 5 年，大幅提升吉利产品的竞争力。2010 年 8 月，吉利集团以 18 亿美元成功收购了瑞典沃尔沃公司 100% 的股权和相关资产，这次成功收购使吉利得以借力沃尔沃品牌的欧洲血统，并依托沃尔沃在欧洲、北美的销售网络，加快拓展发达国家市场。通过与对国外先进企业的一系列合资并购，吉利获得和拥有了众多著名品牌的先进技术和知识产权，从此拥有中高档轿车的生产能力和品质保证能力，品牌形象得到极大提升。

4. 内部资源、网络关系嵌入与企业升级演化关系

经过第二阶段的资源和能力积累，吉利已经积累了包括显性和隐性专有技术资产在内的战略性技术资产，初步实现了产品升级。在此之后，进入转型阶段的吉利开始在自主创新模式基础上，依托已有的有形无形的制造资源和技术资源建立起更为广泛的网络关系，包括与国外企业合作建立销售网络和生产基地、与国外零部件供应商进行合作和全方位的合资并购，形成多样化的全球网络结构。这些由不同类型的技术和业务关系嵌入性组成的多样化的网络关系结构增加了企业网络的开放性和进入新市场的机会，构建了一条由自己主导的全球价值链网络，并形成包括全球化销售网络、全球化供应商和全球品牌在内的全球价值链网络资源，由此吉利集团借力全球范围内的产业整合和资源重组，不断增强企业在全球生产网络中的价值获取和价值创造能

力，实现功能升级。为达到合作共赢和实现企业在全球市场的成功，吉利积极推动企业全球型文化的建设，打破或淡化国家、民族、宗教信仰、语言等文化特征，形成以尊重、适应、包容与融合为核心特征的全新的企业文化和价值理念。

综上所述，第三阶段，吉利集团企业资源、网络关系嵌入与升级演化关系见图 5 - 6。

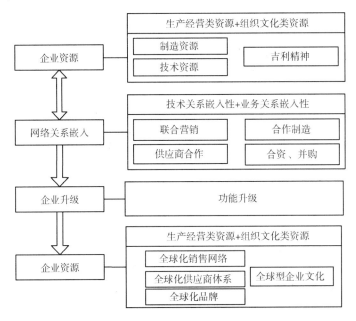

图 5 - 6　吉利升级阶段三演化模型

三、华为集团

作为中国制造业的典范，华为成功地探索出一条中国高科技民营企业的成长之路。追溯华为的发展历程，其升级过程大致可以分为三个阶段：第一阶段是基于本土市场自主研发的产品升级初级阶段；第二阶段是通过基于海外技术合作的产品升级高级阶段；第三阶段是基于战略——合作模式的功能升级阶段（见表 5 - 8）。

表 5-8 全球生产网络背景下华为升级阶段划分

	第一阶段（1988~1995年）		第二阶段（1996~2002年）		第三阶段（2003年至今）	
成长路径	基于本土市场自主研发的产品升级初级阶段		通过设立海外技术合作的产品升级高级阶段		基于战略——合作模式的功能升级阶段	
网络关系嵌入性			业务关系嵌入性	"合同"出口	业务关系嵌入性	合资公司
			技术关系嵌入性	技术合作	技术关系嵌入性	联合创新中心合资公司
资源积累	生产经营类资源	制造资源营销与服务网络技术人才	生产经营类资源	全球采购网络研发管理体系专利、技术知识	生产经营类资源	全球化制造资源全球化技术资源全球化营销资源
	组织文化类资源	狼性文化	组织文化类资源	华为基本法	组织文化类资源	国际文化
升级标志	过程升级：低成本及快速响应力的制造能力 产品升级：开发满足本土市场需求，具有高性价比的中低端系列产品		产品升级：快速整合内外部知识，提高产品研发效率		功能升级：不断提高在全球网络中的价值获取和价值创造能力	

（一）第一阶段：基于本土市场自主研发的产品升级初级阶段（1988~1995年）

1988年成立之初，鉴于技术能力非常薄弱，华为选择代理进口香港康力公司的 HAX 交换机，依靠差价获取利润。之后随着代理交换机业务竞争的日趋激烈，利润空间起来越小，华为开始从低端产品（24 口低端交换机 BH01）的组装起步，逐渐着手进行自主知识产权的电路设计和软件开发，研制自己的数字交换机。1990年华为成功自主研发出 BH03 用户交换机，随后于1991年又自主开发了公司真正意义上的第一代产品—— HJD48 模拟用户小交换机，这也标志着华为的技术研发能力进入了一个新的发展阶段。

与拥有雄厚资金和垄断技术的行业巨头相比，当时的华为无论在技术上还是规模上仍然十分弱小，国外领先企业不屑与华为建立网络联系，如果不甘心沦为国际巨头的代工厂，就难以嵌入到全球生产网络中。因此，进入通信设备制造业后，华为与其他企业仿制的方式不同，选择了一条自主开发的道路，通过积极收集和分析竞争对手的产品资料信息，寻找可能的机会。1992 年，依靠敏锐嗅觉，华未觉察到国际通信技术正从模拟技术向数字技术转换，便将全部利润投入到 C&C08 数字交换机的研制上。年轻的研发人员加班加点，几乎吃住都在公司，通过不懈努力，1993 年 10 月，C&C08 型 2000 门局用交换机在浙江义乌成功开局。之后 1994 年，万门程控交换机的成功开发标志着华为的技术水平已经达到了国际先进水平。在自行设计研发产品的过程中，华为积极引进培养人才，形成了自己的研发团队，随着研发人员技术知识与研发经验的积累，企业产品开发能力得到了飞速提升，这一阶段华为自主研发了一系列适合中国市场需求且具有高性价比的产品，初步实现了产品升级（见图 5-7）。

图 5-7　华为自主开发产品轨迹

除了积极开发自主产权的产品外，华为选择走"农村包围城市"的道路，积极开拓本土市场，建立了以 30 个大中城市为中心遍及全国各省市的销售与技术服务网，依靠全国的 33 个维修点及时的售后服务弥补产品质量的不足，最终为公司赢得了一批稳定、忠实的客户。从 1988~1995 年，依靠自主产品研发华为从一个弱小的代理企业成长为国内领先的通信企业。首先优质低价的知识型员工、灵活的管理、工作的高效率和客户导向的"保姆式"服务使华为在中低端产品上具有一定的技术领先度和价格性能比优势，成为一个产品性价比高、并且具有快速响应力的通信设备制造商；独具特色的"狼性文化"强调敏锐的嗅觉、不屈不挠奋不顾身的进攻精神以及群体奋斗的意识，塑造了华为团结、奉献、学习、创新、获益与公平的核心价值观。

（二）第二阶段：基于设立海外技术合作的产品升级高级阶段（1996~2002 年）

1. 营销——合同出口

1996 年华为在国内市场的销售额达 26 亿美元，占据领先地位，但是国内电信设备市场的总体发展速度却开始放缓，爱立信、诺基亚、摩托罗拉等跨国公司在中国电信设备市场大城市的主导地位逐步确立，国内市场无法满足华为的发展要求。因此，1996 年华为在继续抢占国内中小城市和农村市场的同时开始全球化战略布局，瞄准中东、非洲、东南亚这些进入门槛低且国际巨头尚未给予足够重视的新兴市场。

表 5 – 9 为 1996 ~ 2002 年华为国际化市场开拓路径，该阶段华为的业务主要面向亚非发展中国家和地区进行市场开拓，欧美发达国家市场则刚刚起步。进入国际市场初期华为采取渐进式的发展路径，凭借营销——出口模式依赖低成本优势占领市场，从中国香港地区到俄罗斯、再到拉美、非洲，沿着"心理距离"和"地理位置"由远及近，先选择那些通信市场的发展水平和我国相对接近，文化、政治体制、教育水平、产业发展水平接近，需求偏好类似的市场，采取签订合同，提供技术服务的"合同进入方式"，通过技术转让、交钥匙以及国际分包合同等方式完成了国际市场的最初布局。除合同方式外，华为还尝试以与国外公司建立合资公司的方式嵌入全球化网络，1997 年，华为分别在俄罗斯和巴西建立合资公司，以本地化的模式向当地客户提供成套通信设备。

表 5 – 9   **1996 ~ 2002 年华为市场开拓路径**

年　份	市场	网络关系嵌入类型	具体方式
1996	中国香港地区	业务关系嵌入性	与香港和记电讯签订合同，提供以窄带交换机为核心的"商业网"产品
1996	俄罗斯	业务关系嵌入性	签订合同，提供技术服务
1997	俄罗斯、巴西	业务关系嵌入性	成立合资企业
1997 ~ 2003	拉美、非洲	业务关系嵌入性	签订合同，提供技术服务
1999	印度 美国	技术关系嵌入性	在印度班加罗尔设立研发中心 在美国通讯走廊开设研究所
2000	瑞典	技术关系嵌入性	在瑞典首都斯德哥尔摩设立研发中心
2001	德国、法国、西班牙、美国	技术关系嵌入性 业务关系嵌入性	以在美国设立四个研发中心 与欧洲当地一流代理商建立合作
2002	美国	业务/技术关系嵌入性	成立全资子公司

资料来源：华为公司网站。

2. 建立国际接轨的企业管理体系

通信设备制造业属于技术生命周期短的高技术产业，技术和市场长期由发达国家的跨国公司垄断，竞争非常激烈。华为每年拿出不低于销售收入 10% 的资金用于产品研发，但研发效率却逐年下降，1997 年开始甚至出现效益递减现象，甚至一步出现一些产品在推向市场前就已经失去了商业价值。因此，如何在研发领域广泛推行集成产品开发流程，在充分理解客户需求的情形下快速把产品推向市场应成为摆在华为面前的重要问题。1997 年《华为基本法》的诞生并开始落实管理系统，通过与多家世界先进管理咨询公司建立长期合作关系建立与国际接轨的企业管理体系。自 1999 年起 IBM 作为顾问为华为设计全球化内部管理网络，构建了包括产品研发流程、供应链流程和财务流程在内的规范的管理体系，形成集成产品开发（IPD）和集成供应链管理（ISCM）系统。在基于流程导向的运作模式下，为充分发挥专业分工优势、降低成本，华为将重心放在保持研发和领先市场上，将包括制造、组装、包装、发货和物流在内的非核心部分外包给专业公司，建立全球供应商采购网络，从而实现了零库存和一周内交货的快速反应能力。

3. 海外技术合作

由于在产品、技术和品牌与国际巨头相比处于弱势，要想实现跨越式赶超，必须嵌入全球生产网络、充分利用外部领先的优势技术资源，提高企业技术能力。处在高速增长期的华为自身软件开发能力薄弱，为了弥补这一不足，华为除了与印度的几大软件公司如 Infosys、Wipro 等合作开发项目外，于 1999 年在印度班加罗尔设立第一个海外研发机构，大大提高了软件开发管理水平。1999 ~ 2001 年，华为又分别在美国、欧洲等国设立研发机构。华为国内的北京研究所、深圳总部、海外的俄罗斯研究所、美国研究所、瑞典研究所等全球同步深入研究 WCDMA 产品技术，在快速有效地获取外部技术资源的同时加强内部技术学习，通过吸收整合再创新，积累了大量的技术知识，并在吸收的外部已有成果的基础上，成功实现了 WCDMA 产品研发的技术突破，掌握了 WCDMA 的许多核心专利。嵌入全球生产网络，尤其通过在国外设立研发机构这种技术关系嵌入性给华为带来了创新机会，而充足的人才储备和研发投入，用于知识共享交流的企业内部网络学习平台，为华为营造了利用创新的环境，充分调动员工的积极性，在获取、吸收外部知识，整合内外部知识基础上取得创新绩效，大大提高了产品研发效率。

4. 内部资源、网络关系嵌入与企业升级演化关系

综上所述，第二阶段华为企业资源、网络关系嵌入与升级演化关系见图5-8。

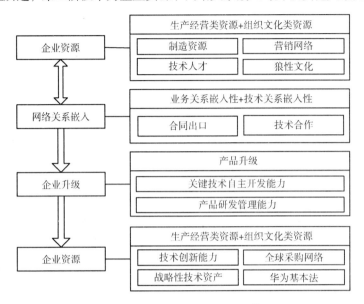

图 5-8　华为升级阶段二演化模型

（三）第三阶段：基于战略——合作模式的功能升级阶段（2003年至今）

针对不同的合作伙伴，华为采取了不同的网络组合管理和网络关系管理策略，充分进行资源优化配置，对包括供应商、分销商、顾客等在内的合作伙伴间的关系进行优化管理，协调自身与外部网络的关系，依靠占据网络的中央位置以获取更多信息、技术、知识等网络创新资源。例如，与全球领先运营商合作成立联合创新中心，了解运营商的市场需求并保持与全球同步的技术水平，形成满足运营商差异化的业务定制能力和快速的响应机制，以保持与全球大运营商如沃达丰、BT、SFR、PCCW、TME等密切的开放合作关系，共同构筑生态系统。

在此基础上，华为在全球范围内和不同国家的优秀企业展开了更高层次的战略合作，在全球构建完善的产业化、本地化服务交付组织和平台，将当地企业的创新能力整合到华为的全球价值链，并通过价值链将本地的创新成果推广到全球。如2003年华为与3Com公司成立合资公司，利用其全球网络营销渠道来销售数据通信产品；2004年与西门子公司组建全球性合资公司，专注于

TD—SCDMA 技术与产品的开发、生产与销售；2006 年与加拿大电信设备商北
电网络合作成立合资公司，面向全球市场开发超级宽度接入解决方案，并借助
对方的本地市场争夺合同；2007 年与赛门铁克成立合资公司，开发存储和安
全产品与解决方案。华为依据战略选择不同的合作对象，或为获得先进技术，
或为开拓发达国家市场，或为进入新的业务领域，该阶段华为通过战略合作获
得了技术和市场（见表 5 - 10）。

表 5 - 10   2004 ~ 2013 年华为国际化路径

年 份	网络关系嵌入类型	具体方式
2003	业务/技术关系嵌入性	与 3Com 合作成立合资公司
2004	业务/技术关系嵌入性	与西门子合作成立合资公司，开发 TDSCDMA 解决方案
2005	业务关系嵌入性	成为沃达丰和英国电信（BT）的通信设备供应商
2006	业务/技术关系嵌入性 技术关系嵌入性	与北电网络合作成立合资公司；与摩托罗拉合作成立联合研发中心，开发 UMTS 技术
2007	业务/技术关系嵌入性	分别与赛门铁克和 Global Marine 合作成立合资公司，开发新产品及网络解决方案；与欧洲所有顶级运营商合作
2010	技术关系嵌入性	在英国成立安全认证中心
2012	技术关系嵌入性 业务关系嵌入性	和全球 33 个国家的客户开展云计算合作；推进全球本地化经营，加强欧洲投资，在芬兰新建研发中心
2013	技术关系嵌入性	在英国伦敦成立全球财务风险控制中心；构建 5G 全球生态圈，与全球 20 多所大学开展联合研究

资料来源：华为公司网站。

1. 全球化创新平台

通过在全球各地拥有优质资源的地方建立了 16 个研究所、28 个联合创新
中心和 40 多个专业能力中心，华为成功地打造成了一个全球化的创新平台。
公司坚持每年将 10% 以上的销售收入投入研究与开发，2014 年负责产品与解
决方案的研究开发人员约 76000 名，占到公司总人数的 45%，研发费用支出
为人民币 40845 百万元，占总收入的 14.2%。公司近十年累计投入的研发费

用超过人民币 190000 百万元，已累计获得专利授权 38825 件（见表 5 – 11），在通信核心网络、光网络、高端路由器等领域均形成了自主核心技术体系，达到世界领先水平。

表 5 – 11 近年华为研发投入及专利数

年份	研发投入		专利				
	研发费用（人民币百万）	研发费用率（%）	新申请专利	累计申请中国专利	国际PCT专利申请	外国专利申请	累计专利授权
2008	10469	8.4	—	26005	5446	4322	—
2009	13340	8.9	6770	29011	7144	6388	—
2010	17653	9.7	6497	31869	8892	8279	17765
2011	23696	11.6	8932	36344	10650	10978	23522
2012	29747	13.5	10923	41948	12453	14494	30240
2013	31563	13.2	8619	44168	14555	18791	36511
2014	40845	14.2	—	48719	—	23917	38825

资料来源：华为公司网站（公司年报）。

2. 全球化品牌

在消费者业务领域，华为自 2011 年起坚决放弃白牌、低端定制的业务模式，通过高端产品树立创新、高品质的品牌形象向自有品牌中高端转型，实现了品牌、产品、渠道三大转变，不断构建品牌竞争力。图 5 – 9 为华为自 2007 ~ 2014 年各年度海外及总销售收入，从图中可以看出，华为近几年的无论总销售收入还是海外销售收入都保持了快速的增长势头，2014 年全年实现销售收入人民币 288197 百万元，同比增长 20.6%，其中 62.2% 来自于海外市场（其中欧洲中东非洲占比 35.0%、亚太占比 14.7%、美洲占比 10.7%）。伴随全球化运营华为这一品牌得以发展起来，2014 年成功入围全球领先品牌咨询公司 Interbrand 发布的"最佳全球品牌"价值百强榜，这是自该榜单在全球发布 15 年以来首次出现中国大陆品牌。

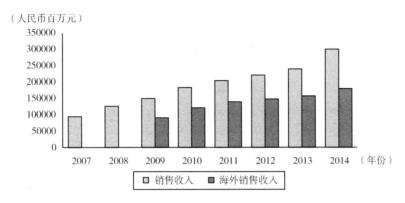

图 5 – 9　2007 ~ 2014 年华为海外及总销售收入

3. 国际文化

在全面国际化的过程中，华为坚持"成就客户、艰苦奋斗、自我批判、开放进取、至诚守信、团队合作"的核心价值观，努力打破狭隘的民族自尊心，融合东西方文化，积极塑造被普遍认同的国际文化。一方面，来自中文员工努力学习英文或其他国家的语言，融入当地社会；另一方面，华为大力推广海外员工的本地化，同时推进当地员工对华为文化的领悟和认可。

4. 内部资源、网络关系嵌入与企业升级演化关系

经过前一阶段的资源和能力积累，华为已经积累了包括制造资源和技术资源在内的企业生产经营类资源以及与国际接轨的企业管理体系，实现了产品升级。进入第三阶段，随着企业技术能力的积累和提升，华为有机会与更多的全球领先企业建立网络联系，企业开始越来越多地在全球范围将零部件和中间产品外包给分包商，逐渐形成了一个以华为为核心的全球生产网络。同时越来越多的国际巨头有与华为建立网络联系的意愿，在众多的选择中华为全面识别并评估合作伙伴，构建自我主导的自我中心网络，并尽可能地占据网络中心性位置，充分整合全球优质资源打造全球化的价值链，最终形成包括全球化创新平台、全球化品牌和国际文化在内的全球价值链网络资源，借力全球范围内的产业整合和资源重组，提升企业在全球生产网络中的价值获取和价值创造能力，实现功能升级。

综上所述，第三阶段，华为企业资源、网络关系嵌入与升级演化关系见图 5 – 10。

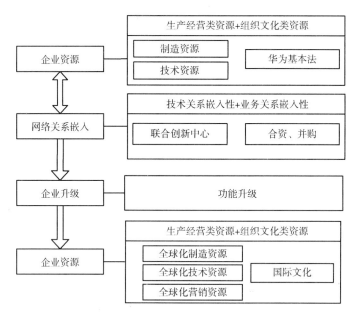

图 5 – 10   华为升级阶段三演化模型

第三节   本章小结

通过对联想、吉利和华为三家企业的纵向案例研究发现，全球生产网络背景下企业内部资源、全球网络联结与企业升级存在协同演化关系。全球生产网络下本土企业的升级不是一蹴而就的，而是一个协同演化的过程。企业拥有的内部资源状况是影响其与发达国家领先企业建立网络联系的重要因素，作为网络资源的网络关系嵌入性与企业自身资源相互作用又进一步决定企业升级潜力，形成了动态的协同演化机制。

图 5 – 11 是本土企业内部资源、网络关系嵌入性与升级三者之间的协同演化模型，说明了全球生产网络背景下企业内部资源与网络关系嵌入性共同作用于企业升级的过程。作为企业升级的重要影响要素，内部资源与网络关系嵌入分别位于企业的内部、外部环境中，在整个升级系统当中构成两个重要的子系统，网络关系嵌入性与企业内部资源积累互相为对方提供积累提升与发挥作用的知识和渠道，内部资源的积累会优化企业外部网络关系的嵌入选择，而网络嵌入行为反过来帮助企业从外部获取资源。全球生产网络背景下，与发达国家

领先企业建立的网络关系嵌入性成为企业收集和寻找相关信息、共享知识和资源的重要渠道，通过网络获取的基础性资源和战略性资产会进一步帮助提升企业对现有资源的利用能力，增强企业在制造、技术和营销等方面的能力。因此，一方面企业识别网络价值与机会、构建有利于自身能力提升的自我中心网络，开发、维持与利用业务关系嵌入与技术关系嵌入以获取领先企业的先进知识和稀缺资源；另一方面积极学习、吸收从领先企业处所获取的知识，主动采取行动来消化、内生外部获取的知识，甚至在此基础上创造出新知识，实现企业内部资源积累。

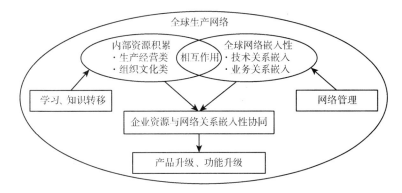

图 5 – 11　全球生产网络背景下本土企业升级协同演化机制

因此，全球网络联结不仅是企业实现资源获取的主要渠道，也是企业提升资源利用能力、实现升级的重要手段，脱离全球生产网络的外部环境单纯从企业内部研究能力的形成演变和企业升级路径是不完全的。成功企业经验表明，全球生产网络背景下，企业内部资源、全球网络联结与企业升级存在协同演化关系，企业升级是一个协同演化的过程。具体包括以下三个阶段：

第一，过程升级阶段。企业通过自身的包括固定资产投资规模、技术装备、低成本劳动力等有形资产积累嵌入由跨国公司主导的全球生产网络过程中，与领先企业建立起网络联结，通过在降低成本和提高产品质量方面的努力，生产出符合领先企业要求的产品，初步实现过程升级，并这一过程中通过学习员工技能得到提高，并逐渐形成注重质量和学习的组织文化。

第二，产品升级阶段。拥有更低成本和更高质量的企业会吸引到更多领先企业与其建立网络联结，员工技能和组织文化等无形资产类企业资源有利于企业更加积极地学习、吸收从领先企业处所获取的知识，甚至在此基础上创造新知识，改进原有产品及推出新产品，增加产品的附加值实现产品升级，企业在这一过程中积累了包括自主知识产权等在内更高级别的、独特的无形资产。

第三，功能升级阶段。拥有独特知识资源的企业获得了更多国外领先企业建立网络联结的机会，企业立足国际市场，通过将企业自身资源、能力、经验与外部环境相匹配以及将自身资源优势与网络联结中获取的互补性资产相结合，进一步积累技术、市场和品牌等多样化资源，实现优势互补，提高其创新性产出成功商业化的概率，促进企业功能升级。

第六章　全球生产网络中本土企业
升级学习机理研究

　　前面的研究得出本土企业升级的实质就是企业能力的提升，企业制造能力、营销能力和技术能力的提升过程就是企业的升级过程。全球生产网络不仅是企业资源的主要获取渠道，更是企业提升资源利用能力、实现升级的重要手段，脱离全球生产网络的外部环境单纯从企业内部研究能力的形成演变和企业升级路径是不完全的。产品内国际分工为发展中国家本土企业融入全球制造网络提供了一种新的切入点，本土企业通过进口中间产品、签订外包契约、与跨国公司建立联系等路径充分实现规模经济、比较优势和投入产出效应，并获得学习模仿等技术和知识的溢出机会，有利于本土制造业全员劳动生产率的提升，促进企业能力提升实现升级。本部分将重点对全球生产网络中本土企业升级的学习机理进行研究，分别从以下几个方面展开：首先对全球生产网络中的知识转移机制的分析；其次对全球生产网络中本土企业，尤其是本土供应商企业的技术学习和技术能力提升进行分析；最后对跨国公司FDI作用下的本土企业升级学习机理进行分析。

第一节　全球生产网络中的知识转移机制

　　作为推动产品内国际分工的主导力量，跨国公司的战略出发点是根据各个国家或地区间的比较优势差异，在全球范围内对产品价值链不同环节或工序进行资源整合和资源配置，以实现自身利益的最大化。产品内国际分工背景下的全球生产网络突破了传统的国家或地区界限，发达国家跨国公司与发展中国家本土企业从彼此割裂变为相互依存，后进企业得以通过融入全球生产网络中来实现知识转移和技术进步，获得更快地实现企业升级的机会。

一、知识转移机制分类

产品内国际分工背景下的全球制造网络改变了知识的产生和使用方式，增加了知识国际流动的可能性，本土企业通过参与跨国公司建立起来的全球制造网络获得技术和知识。本土企业通过与跨国公司建立联系以获得接触到领先知识的可能途径包括以下三种：一是通过国际贸易转移跨国公司生产制造的中间产品及资本品等有形物质商品；二是通过契约等方式承接发达国家跨国公司外包给发展中国家本土企业的某些生产环节；三是与发达国家跨国公司通过直接投资（FDI）的方式在发展中国家建立的子公司建立联系。

恩斯特和金姆（2001）认为跨国公司向本土企业的知识转移机制受两个维度的影响：其一是市场所起的作用，即知识转移既可以在买卖双方签订支付条款的正式合同下以市场交易方式进行正式转移，也可以在没有任何市场交易的情况下进行非正式的转移；其二是跨国公司所起的作用，即跨国公司在向发展中国家本土企业进行知识转移的过程中既可以起到积极的推动作用，也可以不采取任何积极作用。这两种维度的共同作用形成的矩阵，可以用于识别产品内国际分工背景下从跨国公司向本土企业发生的知识转移机制（见图6-1）。

图6-1　全国生产网络中的知识转移机制

如图6-1所示，产品内国际分工下跨国公司向发展中国家的知识转移机制包括以下四种类型：

第一种类型，象限Ⅰ的正式机制。发展中国家的本土企业通过从跨国公司进口中间产品、机器设备等来获取知识，对本土企业来说，与跨国公司签订正式合同进口中间产品及机器设备，并将这些包含专业技术知识和国外研发成果，高质量、多种类的进口产品应用到生产中可以获得知识，但在知识转移过程中跨国公司并未起到直接的指导和促进作用。

第二种类型，象限Ⅱ的正式机制。跨国公司通过正式机制向其子公司以及合资公司进行知识转移，如美国福特公司通过 FDI 的方式在中国建立合资公司并拥有合资公司的大部分股份，并通过特许方式将整个制造系统及相关制造知识转移至发展中国家合资公司，跨国公司在其中起到积极的推进作用。

第三种类型，象限Ⅲ的非正式机制。发展中国家本土供应商通过与跨国公司签订 OEM 合同的方式获取知识，这是一种更为直接的方式，也是大多数本土企业获取知识的渠道。虽然跨国公司与本土企业签订代工协议时并不在合同中明确是否进行知识转移，但通常情况下跨国公司会通过向本土供应商提供设计蓝图、技术说明、技术援助等方式对知识转移提供一定技术支持，以确保本土供应商提供的产品满足其技术要求。

第四种类型，象限Ⅳ的非正式机制。跨国公司 FDI 在实现技术化的本土化过程中会通过示范模仿、产业关联及人员流动等技术溢出效应向本土企业发生知识转移，但在这个过程中跨国公司本身并非积极主动向本土企业进行知识转移。

以上四种类型中，第二种为跨国公司向其子公司或合资公司进行知识转移，其余三种才是跨国公司向本土企业的知识转移，其主要通过国际贸易、OEM 和 FDI 的方式进行，因此产品内国际分工下的知识转移机制归根结底是由跨国公司与本土企业在全球范围建立起来的联系得以实现。

二、全球价值链治理关系的选择及其对知识转移的影响

在参与价值链不同环节时，发达国家跨国公司与发展中国家本土企业所建立起来的联系是全球生产网络中知识转移得以发生的重要渠道。全球价值链治理可以理解为全球生产网络背景下，对于在全球范围彼此分离的生产过程/价值活动进行协调组织的形式，它决定了在价值链中本土企业与跨国公司之间的力量对比和控制方式以及二者在所建立起来的联系中扮演的作用。因此全球价值链治理形式影响着跨国公司与本土企业之间的相互作用，以及跨国公司与本土企业间转移知识的性质和数量、知识流动的方向以及双方在知识转移中所起的作用。

（一）全球价值链及其治理模式选择

全球价值链（GVC）理论主要用于分析全球购买商与发展中国家本土供应商之间关系和演化本质对发展中国家本土企业升级的战略意义。格雷飞（1999）从交易成本理论出发，提出价值链治理的概念，即"决定人、财、物等资源在价值链内如何分配及流动的权力和力量的关系"，这一概念构成目前全球价值链理论的核心。全球跨国公司购买商通常在全球价值链关系中扮演领先企业的角色，他们在全球价值链中决定重要的战略问题，例如进行产品的研究设计，决定产品的生产制造方式等，但不同国家不同行业的购买商在识别这些战略的形式及战略选择执行的程度上有所不同，归根结底是价值链治理模式上的不同。

任何产品设计过程都对应一个组织设计过程，从交易成本理论来看，应使对协调分离的全球价值链活动产生的成本最低，同时将参与零部件设计与生产过程的各个组织单位的机会主义行为所引发的风险降到最低；而从企业知识基础观来看，企业的组织设计应便于参与部件设计、生产的各组织单位之间进行知识转移。无论企业知识基础观还是交易成本理论，都隐含着利用内部供应商较外部供应商具有更多的优势，企业内部供应商能够提供更有效的沟通和更低的机会主义风险，即层级型的GVC治理模式是一种最佳的选择。但层级型治理模式在具备这些优势的同时也带来了由于激励性的降低和官僚成本的上升导致的额外成本，当这些额外成本过高时，企业选择内部供应商就不再具有吸引力了。

施密兹（2004）将GVC治理模式划分为四种基本类型：市场导向型、均衡网络型、俘获网络型和层级型，用以解释全球价值链分离化的背景下，对分离的价值活动进行协调的不同形式。格雷飞（2005）则分别从交易成本、生产网络和企业能力理论对全球价值链的治理演化进行了研究，提出了影响GVC治理演化的三个关键变量：交易复杂性、信息显性化程度和供应商能力。基于这些变量选择GVC治理模式需要做以下考虑：首先，完成此交易所要求的产品和工艺等相关信息和知识的复杂程度；其次，交易相关信息知识能够被有效编码，即显性化的难易程度；最后，现实和潜在的供应商所具备的与交易相关的能力。

从已有的研究看，目前GVC理论存在一个共识，即价值链治理对知识形成、转移和扩散产生了重要影响（Humphrey & Schmitz，2000），GVC理论通过以跨国公司和本土供应商在参与知识转移活动中的程度差异为特征对价值链治理模式进行定义，为跨国公司向本土企业的知识转移研究提供了一个新的视角，与从产品内分工出发的国际制造网络下的知识转移研究形成互补。

（二）价值链治理关系选择及其对知识转移的影响

按照发展中国家本土企业在全球价值链中参与技术改进、应用及开发的方式的不同，可以将价值链治理关系分为三种类型。第一类关系用 GOV1 表示，该关系下跨国公司通过向本土企业提供详细的产品说明进行知识转移，作为供应商的本土企业完全遵照购买方跨国公司的指令完成生产任务并按照其要求提供产品或服务，该关系下知识转移的特点是所转移的知识大部为显性知识且保持在最低限度，知识的流动是单向的；第二类关系用 GOV2 表示，该关系下作为购买方的跨国公司向供应商本土企业提供产品设计和质量标准的同时，向本土企业提供一定的技术支持，因此在知识的转移过程中除显性知识以外，部分隐性知识也得以转移；第三类关系用 GOV3 表示，该类关系下跨国公司向本土企业转移的更多为公司特有的专业化知识，尤其是隐性知识，同时本土企业可以参与研发活动，知识的流动不仅仅局限在由跨国公司向本土企业的单向流动。

从 GOV1 到 GOV3，知识转移从单向流动向双向流动变化，而转移的知识也由显性知识逐渐向隐性知识转变。由于企业升级归根结底在于能力的提升，因此了解隐性知识的转移、全球价值链治理关系的形成及其影响因素无疑对本土企业升级具有更重要的意义。

1. 跨国公司对本土市场的嵌入度

通常情况下发展中国家本土企业嵌入的全球价值链是由跨国公司主导的，即作为购买商的跨国公司拥有品牌并对产品进行设计定义，之后再将生产交给发展中国家本土供应商来制造。随着跨国公司在本土市场的参与程度和对本土环境嵌入程度的提高，跨国公司更有可能与本土企业建立更多的价值链关系（Saliola & Zanfei，2009）。

跨国公司对本土市场和环境的嵌入程度可以从三方面进行衡量：一是跨国公司生产投入要素的本土采购密度，当跨国公司进行投入要素的本土采购密度增加时，可能意味着跨国公司更加关注成本的节约，而不是产品质量和创新，在这种情况下仅向本土供应商转移的知识将仅局限在保障其产品质量的所需的最基本的知识和技术，而非更多专业化的知识；二是跨国公司采取技术改进战略以适应当地需求，包括对产品、工艺及标准化作业流程进行改进，技术改进战略的实施会促使跨国公司与本土企业建立更广泛的联系，并向本土企业进行知识转移，来获得本土企业的支持；三是跨国公司参与本土市场的时间，跨国公司参与本土市场时间越长，越会增强其对当地价值观与商业规则的了解，有助于与本土企业建立基于信任基础上的长期战略合作关系，也因此会促进跨国公司子公司向本土供应商提供更多的技术支持。

以上观点可以归纳成如下假设：

H6.1：对本土市场的参与和对本土环境的嵌入有利于跨国公司与本土企业建立更多的价值链关系。

H6.1a：跨国公司投入要素的本土化采购密度的增加会降低其向本土企业的进行更多专业化知识转移意愿，因此价值链关系倾向于 GOV1 型。

H6.1b：跨国公司适应本土市场的技术改进战略会促进其对本土企业的知识转移，并增加本土企业参与研发活动的可能性，因此价值链关系倾向于 GOV2 型或 GOV3 型。

H6.1c：跨国公司参与本土市场的时间越长越会促进其向本土企业提供更多技术支持，价值链关系倾向于 GOV2 型或 GOV3 型。

2. 本土企业拥有的互补性资源和能力

虽然全球价值链的建立是由跨国公司主导的，但跨国公司在本土市场的参与和对本土环境的嵌入程度的提高并不必然导致其与本土企业建立 GOV3 型价值链关系，本土供应商所拥有的资源能力也对跨国公司最终建立何种类型的价值链关系产生至关重要的影响。资源能力互补性是跨国公司选择与本土供应商建立价值链关系的首要考虑因素，出于对降低成本和快速响应市场需求的考虑，进入本土市场的跨国公司迫切需要与那些拥有低成本、快速、高效的制造能力及弹性的交货能力的本土企业建立联系，这些与跨国公司形成互补性的资源越丰富、能力越强，本土企业越可能与跨国公司建立价值链关系。

本土供应商所拥有的独特资源能力具体体现为三个方面：首先，对处在较低层次的本土供应商来说，其主要的竞争力来源表现为拥有低成本的制造能力，即以较低的价格和较高的运作效率满足跨国公司的外包业务要求；其次，本土供应商还应具备对上游资源进行整合和控制的能力，这是因为上游资源的价格、质量与生产弹性直接影响到自身产品的价格、质量及交货期，只有具备整合能力的本土供应商才能满足跨国公司对生产周期、产品质量及成本的要求；最后，对处在较高层次的本土供应商来说，除了拥有低成本、高效率的制造能力外，还应具备一定程度的知识水平和技术能力，参与跨国公司的合作产品开发活动。

本土供应商拥有的以上三种互补性资源能力是吸引跨国公司与其建立联系的前提条件，会促进跨国公司与本土企业建立更多的价值链关系。当与跨国公司建立价值链关系的本土供应商的独特资源能力体现为制造能力时，说明跨国公司最为看重的是本土企业的成本优势，因此其向本土企业转移的知识也是有限的；当本土供应商的互补性资源能力体现为对上游资源的整合控制能力时，说明跨国公司除了看重其成本优势外，还看重其在速度、质量及灵活性的优势，因此会增加对本土企业的知识转移；当本土供应商除具备制造能力和资源整合能力外还具备一定的技术能力时，有利于本土企业对跨国公司所转移知识的消化吸收并转变为自身能力，跨国公司会倾向于向这类企业转移更多的知识，使其参与研发活动，从而降低跨国公司在整体产品设计方面与本土供应商提供的零部件之间产生"不相容"的风险。

以上观点可以归纳成如下假设：

H6.2：本土企业的互补性资源和能力有利于跨国公司与本土企业建立更多的价值链关系。

H6.2a：当本土企业所拥有的互补性能力是制造能力时，跨国公司会降低向其转移知识的意愿，价值链关系倾向于 GOV1 型。

H6.2b：当本土企业所拥有的互补性能力是制造能力和资源整合能力时，跨国公司会增加向其转移知识的意愿，价值链关系倾向于 GOV2 型。

H6.2c：当本土企业具备一定的技术能力时，跨国公司对其进行知识转移的意愿最强，价值链关系倾向 GOV3 型。

三、非正式机制下的知识转移机理

全球生产网络下知识转移或者通过国际贸易，或者通过 OEM，或者通过跨国公司在本地的子公司进行，这三种途径的知识转移机制有所不同。其中国际贸易下的知识转移依赖的是一种正式机制，即通过与跨国公司签订合同进口某些中间产品、机器设备等的来获取知识并提高生产效率；本土企业 OEM 与跨国公司 FDI 下的知识转移则依赖的是非正式机制，OEM 虽然并不在合同中明确规定知识转移，但跨国公司通常会通过非正式机制向本土供应商提供技术支持和知识转移，而 FDI 则在实现技术当地化的过程中通过示范模仿、产业关联及人员流动等非正式机制向本土企业进行知识转移。与正式机制下知识转移能够通过签订正式合同得到保证不同，非正式机制下的知识转移并无正式合同的保证，因此对该问题的讨论具有更大的理论与现实意义。

非正式机制下的知识转移会受到跨国公司对本土市场的参与度和对本土环境的嵌入度以及本土企业所具有的互补性资源和能力两方面的影响，随着跨国公司在本土市场参与度和对本土环境的嵌入度的提高以及本土企业资源能力的提升，跨国公司向本土企业进行知识转移的意愿会随之增强（见图6-2）。但是单纯跨国公司对本土市场参与度和本土环境嵌入度的提高并不能促使其与本土供应商建立GOV3型价值链关系，决定本土企业是否能够参与创新活动并从跨国公司处获取更高层次的专业化隐性知识最终取决于本土企业所拥有的能力，即本土企业技术能力的提升直接增加本土企业参与研发活动的机会，对本土企业与跨国公司建立GOV3型价值链关系并获取高层次产品技术相关知识具有直接影响。

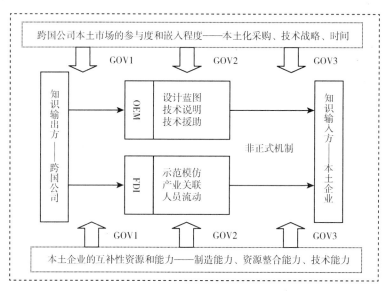

图6-2　非正式机制下的知识转移机理

本部分将产品内分工理论和全球价值链理论融合在一起，对发达国家跨国公司向发展中国家本土企业进行知识转移的机制以及影响机理进行研究。从产品内分工理论出发，知识转移机制按照市场和跨国公司在其中所起作用可以划分为正式机制和非正式机制两大类；而从全球价值链理论出发可以展开对知识转移影响因素的分析，并提出如下假设：其一，跨国公司对本土市场的嵌入程度越高，越有利于其与本土企业建立更多的价值链关系；其二，本土企业拥有的互补性资源和能力越多，越有利于其与跨国公司建立更多的价值链关系。跨国公司在发展中国家本土市场参与和嵌入程度的提高并非是本土企业与其建立价值链关系并从中获取高层次隐性知识的充分必要条件，只有当本土企业技术能力提升的情况下才能够最终使其获得参与跨国公司研发活动的机会，并促使跨国公司与其建立最高级的价值链关系（GOV3），从而获取更高层次的隐性产品技术知识。

第二节   全球生产网络中本土企业技术能力提升路径及策略

一、本土企业技术能力提升路径

全球生产网络背景下本土企业的技术能力提升路径见图 6 - 3，主要包括网络嵌入式发展和非网络嵌入式发展两种路径。其中网络嵌入式发展模式是指发展中国家本土企业通过直接嵌入到以发达国家跨国公司为主导的全球生产网络中以实现技术进步的方式，是通过知识的传播来实现的，具体途径包括国际贸易和跨国公司内部化两种方式；非嵌入式发展模式是指通过自主的技术学习和技术创新实现技术能力提升的方式。

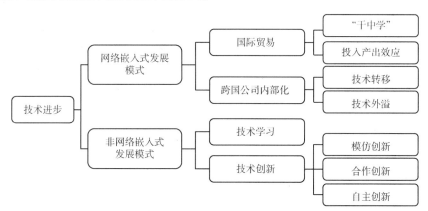

图 6 - 3   全球生产网络中本土企业技术能力提升路径

网络嵌入式发展和非网络嵌入式发展两种模式并非彼此割裂，而是相辅相成、互相补充的。通过对 OECD 国家工业部门的技术发展模式进行研究发现，对于研发人员和研发资本投入较少的国家来说，嵌入式发展模式对促进一国技术进步具有明显的贡献，而对于那些研发资本存量密集的国家来说，国内技术学习与技术创新则会对一国技术进步产生明显的促进作用（Kim & Lee，2003）。

（一）网络嵌入式发展模式

国际贸易在实现资源的有效配置的同时，促进了国际的技术溢出，因此被认为是发展中国家本土企业实现技术进步的重要途径。后进企业通过进口国外新兴原材料、先进生产设备、高质量及高技术含量的中间产品和最终产品等，使先进技术知识得以通过这些有形商品为载体发生转移，将发达国家的先进技术能力和管理能力带入国内。后进企业可以利用这些技术溢出的机会，逐步通过模仿、"干中学"等方式消化、吸收先进的技术知识，最终提高自身的技术能力和技术水平。

跨国公司在进入本土市场时，为降低成本会寻找当地供应商，与本土企业建立纵向的经济联系。积极参与跨国公司的内部化生产过程有利于本土企业获得技术转移和技术外溢，实现技术进步。为使本土供应商提高生产效率、提供符合跨国公司质量标准的产品，通常情况下跨国公司会提供技术培训和技术指导，移交包括产品标准、质量手册、设计图纸和设备使用说明等文件，帮助本土企业获取显性的知识和技术，同时双方的人员交流和相互接触的机会为后进企业技术与管理人员吸收隐性知识提供了渠道。另外，随着人力资本的流动，曾经跨国公司的员工可能会流入本土企业，带来先进的技术能力、生产工艺和管理理念等，促进了本地相关产业的整体发展。

（二）非网络嵌入式发展模式

技术学习和技术创新这两种非网络嵌入式发展模式，其发生的前提、客观环境及成本均不相同，并且各自具有不同的特点。同时技术创新和技术学习又是相互促进的，本土企业在基于外部知识获取的技术学习基础上进行技术创新，不但可以减少创新成本和风险，又能更好地消化吸收通过外部获得的技术知识、促进技术学习。

与拥有品牌或技术等垄断资源的发达国家领先企业的自主创新模式不同，发展中国家后进企业的技术进步是从技术移植走向技术开发的，其技术能力的发展通常会经历复制性模仿能力、创造性模仿能力再到自主创新能力的演化轨迹，归根到底是一个动态的技术学习过程。全球生产网络背景下后进企业的技术学习具有一定意义上的后发优势，是企业迅速缩短技术差距、加快技术发展、实现技术赶超的有效途径。技术学习过程包括以下四个阶段：首先是对外部技术知识进行选择、评价和积累的技术准备阶段；其次是将外部技术知识引进企业内部的技术获得阶段；再次是对引入的外部技术知识进行整合，将其内化于企业自身知识体系的消化吸收阶段；最后是将吸收的技术知识转化为产品的过程。

按照企业技术资源和技术能力来源的不同，技术创新分为自主创新、合作创新和模仿创新三种基本类型。自主创新是企业依靠自身力量，通过独立的研发活动取得技术突破，获得技术知识的过程；合作创新是企业与其他企业或机构之间联合创新的行为，基于合作伙伴的共同利益，共担风险、共享资源实现优势互补；模仿创新是后进企业以技术领先企业为榜样，以其创新产品为示范，在对领先者的核心技术进行消化吸收基础上进行改进和完善的过程。模仿创新是一种典型的后发者的创新模式，鉴于自身技术能力的不足，或者缺少自主创新所需要的财力、物力等资源，模仿创新便成为后进企业技术进步的一条捷径。但模仿创新终究无法替代自主创新，这是因为后者可以令企业享有产品开发、生产制造和市场开拓等方面的"先行者优势"，自主创新带来的技术突破有利于企业形成强大的技术壁垒，防止独特的技术优势的泄露，为企业进行核心技术积累提供了良好的环境。

从企业技术能力提升路径分析中可以发现，嵌入到全球生产网络中的发展中国家本土企业的技术进步离不开发达国家领先企业的技术扩散和技术转移，完全依赖自身资源的自主技术创新是不可能的。本土企业技术进步一方面需要依靠内生的研发人员和研发投入，通过企业内部的研发活动进行技术学习，来提高自身的技术知识和技术能力；另一方面依靠外生的研发渗透，通过嵌入到全球生产网络中，参与产品内国际分工，通过获取外部有用的技术知识促进企业的技术进步。事实上，在技术知识的内部获取与外部获取之间存在着一定的交叉重叠，在企业获取外部知识的过程中同时又伴随着对外部知识进行消化、吸收和改进的内部技术学习行为，二者相互促进，共同推动了企业的技术进步。依靠外生研发渗透的嵌入式技术进步发展模式下，本土企业技术进步的机制有两种：一是通过外包产生的中间品贸易；二是参与跨国公司的垂直一体化生产。

二、本土供应商企业的技术学习和技术能力提升

虽然外商直接投资的技术外溢效应在学者们的实证研究中得到了一些证据，但在跨国公司 FDI 是否能够明显促进发展中国家本土企业技术水平的提高这一问题上仍然没能得出明确结论（Blomstom & Wolff, 1994；Kokko, 1996；等）。关于这方面讨论主要集中在跨国公司子公司与本土企业形成的联系在产生正面效应的同时，也带来了相应的负面效应，即跨国公司的存在可能会对本土企业的技术发展产生阻碍。全球价值链中，通常跨国公司依靠其强大的技术或品牌领先优势成为占据价值链中的战略环节的支配者，为了阻止位于价值链低端的本土企业获取升级所需的关键技术，领先的跨国公司可能依靠其所掌控的产业核心技术，利用技术专利和产业标准构筑出知识壁垒，通过技术性手段影响知识的溢出渠道和溢出效率，尽可能降低本土企业所能够获取的知识量，抑制本土的创新行为。

与此同时也存在另一种观点，为了垄断市场并掌控行业技术发展路径，跨国公司会采取各种手段来遏制与其在同一市场中直接竞争的本土企业的发展，但为了保证产品质量并获得价格和数量上的竞争优势，跨国公司会与纵向产业链中的上游本土供应商和下游本土客户分享资源，向其提供技术支持，这会直接导致跨国公司向其上游和下游企业发生技术转移和外溢。因此一些学者将跨国公司 FDI 对本土企业技术溢出效应研究的视角由对发展中国家行业内本土企业技术进步的影响转向了行业间的技术溢出（Pack & Saggi, 2001；Balsvik, 2003；Markusen & Venables, 1999），认为跨国公司的技术外溢更可能在行业间发生。

劳尔（Lall, 1980）将"联系"定义为企业在"纯粹"的市场交易外的互补活动中建立的直接联系。跨国公司在发展中国家进行投资并在当地设立子公司，必然引发组织间的联系，所谓"后向联系"是指企业与供应商之间建立的全部联系，跨国公司与本土供应商建立的后向联系发生在跨国公司子公司向本土供应商企业购买产品或服务时。为了更全面地理解跨国公司 FDI 如何影响本土企业的技术进步，接下来针对跨国公司子公司与本土供应商的后向联系以及发展中国家本土企业如何通过该过程实现技术转移进行深入研究。

（一）跨国公司与本土企业建立后向联系的动机与条件

全球生产网络背景下的行为主体可以分为两种基本类型：一类是领导厂

商，即凭借技术、品牌等垄断资源居于核心位置和支配地位的跨国公司；另一类是包括高层级供应商与低层级供应商，通常情况下低层级的供应商为发展中国家的本土企业。以中国轿车制造产业的生产组织模式为例，该产业形成了以整车企业为主导，多层零部件企业环绕的环状结构（如图6-4所示）。其中，核心层为整车制造商，目前中国有实力的整车制造绝大多数为跨国公司子公司，它们享有对零部件厂商完全的控制权；第二层为核心的零部件供应商，提供如动力总成模块和智能底盘模块中的关键零部件，通常为跨国公司直属专业厂和全资子公司，与整车制造商关系最近；第三层和第四层分别是骨干零部件供应商和一般零部件供应商，整车制造商一般会在市场竞争机制下选择两三家本土供应商作为骨干零部件供应商进行合作，一般零部件供应商与整车制造商的协作方式是在每年的年初整车厂商与协作厂商榷定计划，然后按计划执行，骨干和一般零配件生产商通常为本土企业，与整车制造商的关系多为零部件采购与供货的契约关系。

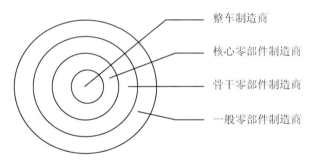

整车制造商
核心零部件制造商
骨干零部件制造商
一般零部件制造商

图6-4　中国汽车制造产业的生产组织模式

　　一般情况下，高层级供应商依赖于其拥有的技术、渠道等专有资源在领导厂商与本土供应商之间充当中介作用，低层级的本土供应商在业务上受高层级供应商支配，在网络中处于附属的地位，不与网络中的领导厂商直接接触。中国汽车制造产业的环状生产组织结构分布使得在发动机、底盘、变速器等位于第二层的高端核心零部件产业被外资企业控制，而本土企业则大多集中在车身、刹车鼓、车轮垫圈、轴承、挡风玻璃、汽车油箱等第四层的低附加值一般零部件产品，锁定在产品内分工体系的低端。

　　跨国公司与本土供应商建立后向联系的动机受跨国公司战略的影响，而本土企业是否能与跨国公司实现联系则取决于其拥有的资源和能力。

1. 跨国公司战略

跨国公司与本土企业建立的后向联系由掌握着技术、品牌等垄断资源的跨国公司主导,跨国公司是否建立后向联系取决于其在产品、市场及投资等方面的相关战略。

(1) 跨国公司市场战略。跨国公司的市场战略可以分为两种类型,一种是面向全球消费市场的出口导向型战略,另一种是面向东道国本土消费市场的本地市场导向型战略。由于全球消费市场对产品技术含量及质量标准的要求远远高于东道国本土消费市场,在本土供应商工艺技术水平落后、产品质量较低的情况下,跨国公司更愿意选择从母国或其他国外领先供应商企业进口中间投入品,因此持出口导向型战略的跨国公司对后向技术溢出的贡献有限。与全球消费者相比,发展中国家本土消费者对于产品技术及质量的需求相对落后,他们更多关注的产品价格因素,因此为了迎合当地消费者的需求降低产品价格,持本地市场导向的跨国公司会选择在东道国本地进行采购,这有利于后向技术溢出机制的形成。

(2) 跨国公司产品战略。跨国公司的产品范围随着时间改变,这取决于总公司的战略转移,"产品生命周期"的概念可以用来解释这一现象。弗农认为,产品生命周期分为创新产品、成熟产品和标准化产品三个的阶段,产品的生产区位随着不同阶段的市场需求和供给特征的变化而转移。通常作为领先企业的跨国公司率先进行产品创新,随着产品生产技术进一步成熟甚至达到标准化,为了占领和接近国外市场,降低交通运输成本、制造成本和其他交易成本,跨国公司通过 FDI 将生产区位逐渐从本国向发展中国家转移。显然,在成熟或标准化产品阶段的跨国公司在 FDI 的初期可能会将主要产品的生产过程放在公司内部来完成,但随着本土供应商技术、管理能力的提升,能够满足跨国公司对产品的质量和技术要求时,为降低成本跨国公司会逐渐将这些产品外包,与本土供应商建立后向联系。

(3) 跨国公司的资本战略。跨国公司的资本战略是指其在东道国的出资形式,一般分为独资与合资两种类型。通常情况下出于对其拥有的核心技术保密的需要,选择独资的跨国公司更倾向于从本国进口中间品,与本土供应商建立后向联系的可能性更小。选择合资的跨国公司则更愿意利用本土合作伙伴的优势进行本土化,选择与本土供应商建立更多、更紧密的后向联系,从而进行方便、快捷的低成本本地采购。因此,跨国公司的资本战略会决定其是否选择与本土供应商建立后向联系。

2. 本土供应商的资源及能力

虽然跨国公司子公司与本土供应商后向联系的建立是受跨国公司战略主导的，但本土供应商自身的相关资源和能力也对跨国公司后向联系动机产生了至关重要的影响。这是因为决定跨国公司本地采购的决定因素是本土供应商的成本效率，本土供应商拥有的资源能力决定了其是否能够满足跨国公司子公司的后向联系需求，这是跨国公司在考虑是否建立本土后向联系的重要外部条件。

资源能力互补性是跨国公司选择与本土供应商建立后向联系的首要考虑因素。从跨国公司的产品与市场战略中可以看出，跨国公司选择与本土供应商建立后向联系的主要动机是降低成本、快速响应市场需求。因此，对于跨国公司来说与其互补的资源与能力是低成本制造能力以及快速、高效地对市场做出反应的弹性能力，本土供应商拥有的这些资源越丰富、能力越强，越可能与跨国公司建立起长期、稳定的后向联系。

一般情况下，本土供应商所拥有的独特资源能力具体体现为三个方面：一是制造能力，对于处在较低层次的本土供应商来说，跨国公司与其建立后向联系主要看重其能够以较低的成本和较高的运作效率从事制造活动的能力；二是产品开发能力，处在较高层次的本土供应商，在具备低成本、高效率的制造能力的同时还应具备产品开发能力；三是对上游资源的整合、控制能力，因为上游资源的价格、质量与生产弹性会直接影响到本土供应商的产品价格、质量及交货期，本土供应商为达到跨国公司对速度、质量及成本的要求，还必须拥有对上游资源进行整合和控制的能力。本土供应商的拥有的以上三种能力是吸引跨国公司与其建立联系的前提条件，是跨国公司子公司重要的互补性资产。

（二）跨国公司向本土企业技术转移意愿

跨国公司与本土供应商建立的后向联系不但为本土供应商提供了生产机会，同时也为知识与技术转移提供了重要渠道。这是因为后向联系中很重要的一种形式是技术联系，为保证跨国公司所采购的零部件或中间产品满足其基本要求，跨国公司有可能向本土供应商提供必要的技术支持，同时当本土供应商不具备满足跨国公司要求所必要的技术时，跨国公司也可能向其进行技术转移，这些技术大部分是与产品和工艺诀窍相关，甚至可能包括跨国公司的专有技术。这对于本土供应商企业来说是大为有利的，它会直接导致本土供应商技术知识积累并提升技术能力层次，但技术转移从根本上取决于跨国公司进行技术转移的意愿。因此，跨国公司子公司是否愿意帮助推动东道国本土供应商进行技术创新并提供技术支持对本土供应商的技术学习和技术能力的提升具有重要的意义，跨国公司技术转移的意愿取决于以下一些激励因素。

（1）本土供应商类型。不同类型的零部件供应商所提供的产品的标准化程度和技术复杂程度是不同的，因此与跨国公司的合作方式也不同，一般来说提供标准零部件的供应商是普通商品供应商、提供专有零配件的供应商是骨干供应商、提供精细零部件的供应商会成为跨国公司的合作专家、能够为客户解决问题的供应商则成为问题解决专家。不同类型本土供应商与跨国公司联系的紧密程度不同，通常情况跨国公司的注意力主要集中在为其提供更具战略意义也更复杂的投入品的少数几个关键本土供应商身上，这些投入品的生产需要供应商与跨国公司建立更紧密的联系，跨国公司子公司也更愿意为此类供应商提供更多的技术支持。

（2）跨国公司进行技术转移的预期收益。跨国公司在东道国的整合是高成本并且消耗时间的，即使在东道国企业明显优于母国企业情况下，由于之前经验不再适用于新企业，成本仍然是高昂的（Narula & Zanfei，2003）。因此跨国公司管理层会仔细权衡由技术转移带来的改进质量、降低成本、缩短交货周期等相关收益，当预期产生的收益与成本差为正时，跨国公司向本土供应商转移技术的激励才会更强。

（3）跨国公司与本土供应商之间的信任程度。信任程度依赖于本土供应商为跨国公司进行的特定资产投资力度以及双方合作时间的长短，本土供应商与跨国公司合作时间越长，为跨国公司子公司特定资产投资如投入特定的厂房、机器设备等资产更多时，会赢得对方更大的信任。对本土供应商来说，增强跨国公司对其的信任度，有利于与跨国公司建立长期战略伙伴关系，促进跨国公司向本土供应商进行技术转移。

（4）其他环境因素。某些的环境因素如当地经济的发达程度、法律完善程度、政府政策等，会对跨国公司子公司向本土供应商进行技术转移的动力产生影响。例如，由于跨国公司不能对本土供应商"敲竹杠"，相比非完备契约，在契约完备条件下，跨国公司会主动提高向上游本土供应商转让技术的意愿水平，并提供技术支持，以确保自己在确定性的环境中获益。因此，本土供应商从跨国公司技术转移中所获得的知识、技术、诀窍的程度会受所处的环境因素的影响。

（三）本土供应商的技术学习路径

尽管跨国公司在后向联系中为本土供应商提供了获得知识和技术溢出的一种渠道，但技术能力的提升归根到底还需要本土供应商自身的努力，技术学习是必需的。本土企业向跨国公司的技术学习使企业获得了有关产品制造工艺的技术知识，技术学习是动态、困难和高成本的，它必须依赖持续的和深思熟虑的努力和投资。从跨国公司直接投资中获益需要两个条件：其一是溢出必须实际存在；其二是东道国本土企业必须具备合适的吸引能力。也就是说本土供应商所处技术能力层次决定了其能否有效吸收跨国公司技术溢出的重要因素，也是影响本土企业能否有效进行技术学习并持续积累、提升技术能力的关键（Narula，2004）。

1. 本土供应商技术能力层次

在发展中国家传统供应商导向的工业化模式中，本土供应商或者通过满足跨国公司子公司在本地经济的需求，或者通过供应本土以外的跨国公司来持续进行能力提升。在这两种情况下，企业技术能力的提升都是通过逐级提高得以实现的，因此分析供应商技术学习路径首先需要明确其所处层次，不同层级企业技术开发路径选择应建立在对其所具有的技术能力进行评估的基础上进行。

本土供应商的技术能力可以划分为以下四个层次：第一，简单的零部件制造商，位于最低层次的本土供应商是简单的零部件制造商，因为它们通常并不需要进行技术创新活动，设计与产品说明均由跨国公司提供，供应商仅仅具有生产零部件的简单生产制造能力就足够了。第二，OEM（Original Equipment Manufacturing）制造商，OEM 的本质是委托加工，即由掌握核心技术和品牌资源的跨国公司作为委托方，将产品的生产制造环节委托给受托方即发展中国家本土企业，再将受托方制造出来的产品贴上自己的品牌进行销售。在 OEM 中，本土供应商是跨国公司子公司的分包商，跨国公司子公司是重要的技术来源，子公司提供相应的设计与产品要求，该阶段下的本土供应商应当能够通过一定的技术创新活动来满足子公司的设计与要求，拥有依据子公司要求的质量、价格及交付条件进行制造的能力。第三，ODM（Original Design Manufacturing）制造商，ODM 是 OEM 的高级形式，即作为分包商的本土供应商除了为跨国公司承担产品的生产制造活动外，还参与产品的设计活动，由于最终产品的品牌仍为发包商所有，因此该类型的供应商仍然具有 OEM 的性质。在 ODM 中，大量的设计和产品说明并不由跨国公司子公司提供，这就要求本土供应商具有更高的技术能力以完成部分甚至全部的产品设计和制造任务，因此 ODM 的供应商拥有复杂的生产技术和部件设计能力。第四，OBM（Own Brand Manufacturing）制造商，该阶段中的本土供应商已经创立自己的品牌，并且独立完成产品的设计、生产和销售的全部过程。在 OBM 中，业务活动范围向上联结到产品的设计开发，向下延伸到产品的销售及售后服务，企业同时具有从事产品研发设计和营销的能力。

2. 后向联系中本土地供应商的技术学习

企业的技术知识按照其表达及转移的难易程度划分为隐性知识和显性知识两种类型。显性知识通常指可以通过规范化和系统化的语言，如文字、图表和数学公式等进行清晰表述，企业中的显性知识主要表现程序、文件、图纸、流程、数据库等；隐性知识是指无法由语言、文字或图表等形式明确表述、难以进行传递的知识，其主要载体是个人，存在于企业的人力资本中，表现为能力、技巧、经验和技术诀窍等。跨国公司与本土供应商的后向联系为本土企业获得知识提供了可能性。处于不同技术能力层次的本土供应商，其技术学习目标不同，技术学习的侧重点也应当不同，具体表现为以下三点：

第一，对于简单零部件供应商来说，该阶段下本土供应商具有在生产中熟练使用成熟技术及掌握设备基本操作的能力，企业技术学习的重点是通过跨国公司为其提供技术支持的机会，获取一些如文件、技术合同、设计图纸、使用说明等的显性技术知识，并通过对引进知识的应用来进行学习，即以"干中学"和"用中学"的方式将从跨国公司获得的显性知识消化吸收为隐性知识，并使之内化于企业自身的知识体系中，提升企业的技术能力。

第二，对 OEM 供应商来说，该阶段技术学习的重点是通过一定的技术创新活动来获取知识，因此技术学习的努力程度要更高一些。OEM 为本土供应商创造了更多与跨国公司人员面对面讨论和无数试错学习的机会，使技术学习本身成为一种增量的和交互的过程，本土供应商在这个过程中能够学习跨国公司所拥有的隐性知识，制定更高的技术标准。在对跨国公司技术知识消化吸收基础上该阶段下的本土供应商应当不断进行改进，在现有的技术平台和核心技术构架内，对原有设计进行修改、整合、移植和国产化，提升企业的技术能力。

第三，对于 ODM 本土供应商来说，已经具备了更复杂的生产技术和部件设计能力以完成产品的深加工和部分产品设计活动。处于该层次企业的重点应放在进一步积累技术能力上进而成为 OBM 制造商，技术学习主要表现为"研究中学习"，其努力程度应远远大于前两个阶段。企业应通过自身的研究开发和技术创新活动努力搭建新的技术平台或形成新的核心技术，通过对新的技术知识的创造性应用，将知识转化为有竞争力的新产品或新服务，最终实现技术上的超越和完全自主。

（四）本土供应商技术能力提升策略

随着跨国公司在中国直接投资的增加，中国本土制造商将代工模式作为与跨国公司子公司合作的重要途径，并成为其赖以生存的主要方式。这些本土供应商企业，由于自身缺乏技术能力，只能停留在一些对技术水平要求较低的劳动密集型加工生产环节中，承接跨国公司子公司的代工订单。为了进一步积累技术能力实现技术追赶，本土供应商当该在正确认识所处发展阶段的基础上，积极进行技术学习，在这个过程中应当重点把握以下几个问题：

（1）增强与跨国公司的资源能力互补性。虽然本土企业在技术能力、管理水平等方面与跨国公司存在较大差距，但却拥有劳动力和土地等资源要素成本优势，因此对追求降低生产成本、提高制造效率的跨国公司来说具有天然的吸引力。通常情况下，为了强化其附加值更高的核心业务，随着代工合作时间的加长，中国公司会逐渐将一些与生产相关的零部件设计与采购、售后服务等功能交给代工者，自己只承担产品研发设计与品牌运作两个位于价值链高端环节的活动，这为本土企业能力提升提供了一个新的机遇，本土供应商应当抓住这一有利时机，充分利用跨国公司提供技术支持及培训机会，培育出较强的与跨国公司互补的资源和能力。

（2）建立与跨国公司长期的战略伙伴关系。跨国公司子公司与本土供应商建立的后向联系可以分为三种类型：纯粹的市场交易、短期联系和长期联系。与前两类相比，长期联系通常会令本土供应商受益，因为基于信任基础上的长期战略合作关系能够促进跨国公司子公司向本土供应商的技术转移。本土供应商企业在特定资产上的投资有利于增强品牌客户对其的信任，并与之建立更稳固的长期合作关系。但特定资产投资也需要适度，因为有时也会为本土供应商带来一些问题，例如为了自己的技术诀窍或核心技术，跨国公司会希望企业能为自己单独开辟加工线，但这样本土供应商就不得不提高成本采取多条生产线，出现单条生产线产能利用不足的问题。

（3）本土供应商要积极地进行技术学习。技术学习使企业获得与产品和工艺相关的技术知识，是企业积累并提升技术能力的重要方式。虽然跨国公司在后向联系中为本土供应商提供了获得知识和技术溢出的一种渠道，但技术能力的提升归根到底还需要本土供应商自身的努力，有意识的技术学习是必需的。代工模式会产生"溢出效应"，是本土供应商技术学习的一个重要组成部分，通过 OEM 本土供应商能够学习跨国公司所拥有的隐性知识，引导企业制定更高的技术标准，并不断积累技术能力，有可能使本土供应商向产品高端（如设计能力、创新能力和品牌运作能力等）延伸，朝 ODM、甚至 OBM 进行战略性升级。

（4）政府制定有利于技术溢出相关政策。政府及相关外资促进机构应当努力提高跨国公司的本地根植性，促进本土供应商与跨国公司在华子公司建立长期合作关系，并建立相关政策保障本土供应商与跨国公司的联系，如举办各种配套信息交流会，增进双方了解，让跨国公司本土企业建立更多的上下游联系；出面为本土供应商担保，通过税收减免的方式提高中国公司本土采购的比例。同时政府的政策还要着眼于本土企业自主创新能力的培育，鼓励企业加大技术创新投入和产学研合作，通过构建集群的公共创新平台促进企业之间的交流和相互学习，提升企业获取技术溢出的能力。

第三节 跨国公司 FDI 作用下的本土企业升级学习机理

2001 年以来，流入中国的外商直接投资逐年上升，虽然近几年受金融危机影响结束了每年 20% 以上的高速增长阶段，进入平稳增长阶段，但是无法改变的是外商直接投资已经成为中国经济社会发展与技术进步的重要推动力量。截至 2012 年 6 月，中国外商投资的主体以跨国公司为主，全球 500 强企业中已有约 490 家到中国直接投资，跨国公司纷纷将研发中心或者地区总部等机构放在中国，目前跨国公司在中国的功能性机构已经达到 1600 余家。随着这些年来国际大跨国公司进入越来越多，投资规模越来越大，有关跨国公司对中国本土企业影响的研究与争议也越来越多。其中一个争论的焦点就是跨国公司直接投资是否会向本土企业发生技术转移和技术溢出，进而能否自发并直接地推动本土企业技术水平和技术能力的提高，成功实现技术追赶和企业升级。

凯夫斯（Caves，1974）和格劳伯曼（Globerman，1979）利用 C – D 生产

函数推导的回归方程模型来对跨国公司 FDI 技术溢出效应进行实证研究，随后学者们在此基础上对模型进行细化和扩展，分析 FDI 及企业特征变量、行业变量及其他环境变量等对当地企业劳动生产率的影响。如果回归分析结果显示 FDI 变量的回归系数估计值为正，则认为跨国公司 FDI 对当地企业产生了正的技术溢出效应，再根据模型中其他特征变量回归系数的估计值，判断环境、行业或企业特征对技术溢出产生的具体影响。目前国内外针对该问题实证研究较多，其研究结果主要集中在两个方面：一是跨国公司 FDI 对当地企业技术溢出效应是否存在；二是如果存在的话，影响技术溢出效应的因素都有哪些。但是现有研究仍然忽略了对以下两个重要问题的讨论：

其一是 FDI 技术溢出效应究竟如何在跨国公司与当地企业之间发生，即知识溢出效应的机理研究。已有研究只简单推断东道国本地生产率或产出的变化是跨国公司 FDI 存在的结果，但却未就引起这些变化的企业或微观层次机理进行更进一步地深入分析。实证研究中采用的方法很大程度上回避了生产率溢出如何发生的问题，而是集中在跨国公司的存在是否影响当地企业的劳动生产率这一相对更为简单的问题上（Görg & Strobl，2001）。可见，运用面板数据/投入产出系数表的研究方法无法对包括跨国公司和本土企业的战略意图、资源能力在内的企业内部要素以及包括产业政策在内的外部环境变量对技术知识溢出产生影响的内在机理进行更为深入的研究。

其二是跨国公司 FDI 究竟是否会对本土企业的技术创新和能力提升产生影响，或者 FDI 能否促进当地企业实现技术追赶和企业升级。已有的实证研究将劳动生产率作为因变量，通过分析 FDI 是会有助于当地企业劳动生产率的提高来研究技术溢出效应。但事实上，发展中国家大量吸引 FDI 的目的，并非仅仅是希望成为跨国公司全球行业链中的一个加工和制造基地，而是希望通过技术溢出对本土企业的自主创新能力带来实质上的提升，进而实现技术追赶，因此在这方面的研究对以实现赶超为目标的发展中国家是必要的。

以下针对跨国公司 FDI 作用下的本土企业的升级学习机理进行分析，并从以下三个方面展开讨论：一是跨国公司 FDI 作用下知识溢出的发生机制；二是跨国公司 FDI 知识溢出效应的影响因素；三是跨国公司 FDI 作用下本土企业获取知识溢出效应并实现企业升级的激励因素。

一、跨国公司 FDI 知识溢出的发生机制

作为传播新的管理理念、新的产品技术、工艺及最新工作经验的工具，全

球生产网络背景下，跨国公司 FDI 很可能通过对东道国本土企业产生知识外溢效应，进而促进企业技术水平和创新能力的提高。跨国公司对本土企业的知识溢出存在以下几种潜在的可能途径：首先，东道国中跨国公司的存在可能改变本行业内竞争的激烈程度，更激烈的竞争迫使本土企业采用更有效率的生产方式，并激励他们引进新的技术、提升品牌形象；其次，跨国公司的存在产生了示范效应，本土企业通过学习模仿外资企业的新技术、新产品、生产流程和管理经验来提高自身技术水平，或者通过在同一市场上，获取跨国公司相关新产品新技术的信息，促进本土企业加快研发模仿新技术的速度；再次，跨国公司通过与本地供应商和销售渠道建立联系，本土企业在购买外资企业先进设备或零部件或者作为外资企业的供应商时，有机会通过人员之间面对面的接触、接受技术指导等方式实现知识转移，使本土企业获得知识溢出；最后，跨国公司培训的员工向本土企业流动的可能性，使本土企业有机会通过引进高素质的人力资源，获得相关的生产管理、技术诀窍、营销理念等知识转移。因此，跨国公司 FDI 知识溢出效应归根结底是通过竞争效应、示范效应和学习效应发生的，即外商直接投资一方面带来了先进的技术，使本土企业可以进行模仿和学习，从而形成示范和学习效应；另一方面造成了竞争的压力，促使本土企业通过各种手段来提高技术能力增强竞争优势，从而形成竞争效应。这三种效应共同促成了跨国公司向当地企业的知识溢出。

显然，FDI 知识溢出效应的实现是需要有前提条件的，如果跨国公司与本土企业之间没有建立直接或间接的联系，知识溢出就失去了产生的渠道。跨国公司 FDI 与本土企业的联系包括横向的竞争联系、纵向的交易联系和基于战略、技术或管理目的的合作联系，这三种联系共同形成了知识溢出效应的发生机制。

首先，竞争联系在跨国公司 FDI 开始存在时就产生了，激烈的竞争在可能降低本土企业的利润空间并迫使低效率企业退出的同时，影响并激励本土企业创新并导致其效率的改进和能力的提升。随着时间推移，竞争联系逐渐提高东道国内该行业的资源配置和生产效率，并促进组织间、行业间的劳动力资本流动。

其次，交易联系产生于跨国公司与本土企业建立的纯粹市场交易关系，这种与本土供应商、代理商和顾客建立的交易联系对本土企业产生了改进质量、可靠性、成本竞争力或品牌形象的压力，跨国公司子公司通过提高质量标准、生产效率以及提供与采购、设计、质量控制、培训或市场信息相关的支持和资源来提高当地供应商和代理商的能力，为向本土企业的知识溢出创造了可能。

最后，本土企业可能与跨国公司子公司建立起包括联盟、技术共享或合作开发协议等在内的合作联系，并通过这些联系获得技术模仿和学习的机会，带来技术知识和创新能力的提高。目前合作联系已经成为本土企业获得跨国公司FDI技术溢出效应的主要途径，越来越多企业集群、网络和战略联盟的出现为本土企业的知识学习与能力提升创造了机会。

二、跨国公司 FDI 知识溢出效应影响因素

跨国公司与本土企业之间建立起来的网络联结，创造了后进企业与领先企业之间资本、技术和信息流动的可能性，通过领先企业的知识转移不断学习以提升本土企业能力，进而向价值链中获利更多、资本的技术含量更高、更为技术密集型的生产环节转移，实现升级。

企业升级过程中的知识（包括显性知识和隐性知识的）转移机制分为两种①：以文字编码传播或嵌入工具形式进行的转移是初级知识转移机制，而以人际互动、嵌入规则和网络等形式进行的转移则为高级知识转移机制。在全球生产网络背景下，无论是显性知识还是隐性知识的转移，都存在于本土企业与外国领先企业所建立的网络联结之中并受其影响。一般来说，企业网络研究表明，组织间合作对知识共享和参与企业间相互作用的学习潜力的促进具有显著影响，网络嵌入对企业技术学习和知识转移具有显著的促进作用，尤其是后发企业能力的提高主要是通过嵌入领先企业主导的全球生产网络过程中形成的知识转移机制。根据联系强度网络联系可分为强联系和弱联系，强、弱联结在组织间信息和知识传递中扮演着不同的角色：强联结与高质量的信息和隐性知识交换相关，企业从网络联结的伙伴处学到了关于对方组织的相关信息，变得更加依赖于对方并且建立起相互的信任关系，在对伙伴更为深入的理解基础上，隐性知识可以通过紧密的接触更加容易在企业之间进行转移；弱联结则与多样化的信息和创新知识的获取相关，帮助企业获得难以达到的知识领域进而促进和加速创新，并有利于传递显性知识。这些知识和资源的获得会帮助后进企业生产符合要求的产品，保证产品的质量，进而提升技术水平，并且有利于后进

---

① 初级转移机制转移的知识通常以嵌入人员和管理的显性知识为主，主要特点为能够以明晰的语言或文字描述来传递，高级转移机制则以嵌入网络和人员的隐性知识为主，通常为不易转换为语言或文字的默会性知识，难以表达或传递。

企业扫描市场环境、确立目标市场，将公司资源、能力、经验更好地与市场匹配，通过将自身资源与网络联结所获取的互补性资产相结合，进而提高其创新性产出成功商业化的概率，促进企业升级。因此，全球生产网络下本土企业与发达国家领先企业建立的网络联结对企业升级具有积极的促进作用。影响跨国公司 FDI 向本土企业进行知识转移的因素主要包括以下几个方面：

（一）跨国公司的投资动机

领先的跨国公司主导建立全球生产网络的主要目的在于降低生产成本及迅速地获取互补性资源、能力和知识以获得竞争优势。因此，跨国公司子公司在当地经济下的战略与活动性质是决定跨国公司与本土企业网络联结类型与程度的关键因素，进而对知识外溢的可能性产生影响。以市场、效率和资源为导向的 FDI 导致跨国公司与当地企业建立更多的前向联系，以战略资产为导向的 FDI 导致建立更多的合作联系，而以市场为导向的 FDI 则通过提高当地市场竞争程度产生技术溢出（Joanna Scott-Kennel，2007）。与此同时持拓展市场动机的跨国公司，为保持已经建立起来的技术优势和品牌优势，防止领先技术和产品机密泄露，可能会降低子公司与本土企业进行直接联系的意愿，进而降低技术溢出的可能性；而持降低成本动机的跨国公司，则会选择与本地研发机构或企业的技术合作，随着与本土单位的人员交流的增多，产生技术溢出的机会和可能性大大增强（杜群阳，2007）。

但是，即使对于持降低成本动机进入发展中国家的跨国公司来说，由于当地企业大多处于全球价值链的低端，从事技术含量和附加值较低的劳动密集型加工环节，为了提高本土企业的劳动生产率、满足跨国公司对产品质量的要求，通常情况下领先企业会向本土企业提供相关的技术支持和技术指导。但由于本土企业技术能力、工艺水平处于较低层次，跨国公司提供的培训大多为基本的设备操作培训、产品设计图纸阅读等，较少涉及产品开发设计等高层次技能，并且以这种方式转移的技术大部分是成熟技术而非核心技术，这显然无益于本土企业吸收高端前沿技术、形成更高层次的技术能力。特别是，由于后进企业与领先企业的核心利益的冲突，跨国公司有可能采用战略隔离机制以避免关键知识向后进企业扩散以阻碍其实现更高级别的升级，使后进企业有可能被锁定在低利润的生产中陷入"升级困境"，即跨国公司在促进本土企业的工艺和产品升级以提高其作业效率的同时，阻碍其进行功能和链升级，后者可能引起企业长期适应能力的下降。

（二）本土企业与跨国公司的技术差距

单纯地接近外国技术可能并不必然带来 FDI 溢出效应的增加，芬德列（Findlay，1978）建立了一个技术扩散的动态模型，分析影响 FDI 向东道国技术扩散的因素，认为发达国家与发展中国家之间的技术缺口越大，导致技术模仿的可能性越大。但与之相反，科科（1997）的实证研究则指出，如果外资企业在东道国处于行业垄断地位，那么即使当地企业与外资企业之间存在很大的技术差距，FDI 也不会对东道国当地企业劳动生产率的提高产生任何促进作用，因此判断内外资企业之间的技术差距会影响本土企业的吸收能力，进而对学习跨国公司转移的先进技术产生障碍。蒂斯（Teece，1977）通过实证研究证明技术转移的成本是巨大的，但是随着被转移技术的成熟程度增加该成本会不断下降，这同时也意味着当内外资企业间技术差距缩小时，对转移技术的吸收会更加容易并花费的成本降低。

多种原因可能导致发达国家与东道国之间产生技术缺口或技术差距，如经济环境与政策的差异、人力资本投入的差异、经济发展水平的差异等。薄文广（2005）等利用1995～2003年的数据对 FDI 对中国技术创新产生的影响进行研究，结果发现只有当 FDI 与一定的人力资本总量（吸收能力）相结合时，才会对技术创新产生积极影响，如果东道国的人力资本总量保持不变，即使向外向型经济的转变也不会导致更高的成长速度。除了人力资本水平外，涂涛涛和张建华（2005）还分析了投资环境对 FDI 技术溢出的影响，认为这二者皆是影响跨国公司技术溢出效果的重要因素，只有同时提高和改善人力资本总量和投资环境，东道国的技术吸收和技术学习能力才可能增强，并促进国内技术进步及经济的持续健康发展。何洁（2000）结合东道国本地情况对我国 FDI 技术外溢效应进行实证研究，结果发现经济发展水平对工业部门的技术外溢产生显著影响。

总之，在技术差距对 FDI 技术溢出效应的影响这一问题上存在着截然不同的几种声音。一种是以芬德列（1978）为代表的早期学者认为，技术差距对技术溢出产生显著的促进作用；另一种则以科科（1999）为代表的较近期的学者，他们认为技术差距对技术溢出并没有产生显著的促进作用；此外，还有一种观点认为在东道国与发达国家之间存在一个发展门槛，只有当东道国积累起来一定程度的技术能力，缩小与发达国家之间的技术差距时才能跨过这一门槛，有效地促进技术溢出（Borenztei et al.，1998）。目前得到普遍认可的观点是技术差距与跨国公司 FDI 的技术溢出效应之间存在着一种非线性关系，当本地企业与跨国公司之间的技术差距处在某一临界值以下时，本土企业的学习和追赶空间更大，因此 FDI 技术溢出效应随着技术差距的增加而增大；当本地企业与跨国公司之间的技术差距超出一临界值时，就会由于东道国当地企业的技术水平太低导致缺乏吸收能力，无法自主技术学习、消化吸收跨国公司的先进技术，由此导致 FDI 产生的技术溢出效应变小，如果技术差距进一步拉大，FDI 的技术溢出效应可能会进一步减少、变得微乎其微，甚至产生负面影响。

（三）经济开放程度

一国的经济开放程度越大意味着国际资本的贸易、流动和投资越活跃。外资的进入必然会增加东道国相应行业的竞争程度，本土企业在面对竞争压力时会努力采用新技术以提高生产效率。同时跨国公司子公司在面临竞争时会加快从母公司的知识和技术转移，这都提高了跨国公司向本土企业知识溢出的可能性。同时行业竞争越激烈跨国公司子公司越可能参与到本土创新中，与本土企业形成联盟或技术协议，建立合作联系，同样有利于技术溢出的发生。因此东道国国内行业的竞争越激烈，本土企业知识溢出效应也越强。

关于东道国经济开放程度对 FDI 知识溢出效应的影响学者们也存在着争论。科伊和海尔普曼（1995）针对 22 个发达国家数据进行了实证分析，结果表明一国对外开放的规模与技术溢出存在正相关关系，与开放度低的行业相比，经济开放程度越高的行业，通过中间品贸易获得知识溢出效应越大。但也有一些学者如张建华和欧阳轶雯（2003），通过对中国的实证研究认为单纯扩大一国对外开放规模或者提高经济开放程度，并不一定会提高 FDI 的知识溢出效应。这是因为随着一国经济开放程度达到一个较高水平时，东道国技术水平的提高就不再取决于跨国公司投资的数量，而是投资的质量，再一味扩大经济开放规模或者加大吸引外资力度的政策就不再奏效。

三、本土企业获取 FDI 知识溢出效应的激励因素

发展中国家本土企业的技术学习涉及巨大的风险、成本和时间，技术学习与技术能力提升是一个渐进的路径依赖过程，本土企业从 FDI 获得知识溢出并非在任何情况下都能自动发生，也并非所有处于跨国公司 FDI 环境中的本土企业均会同等程度获得知识溢出效应，能否真正实现知识转移和企业升级取决于以下企业内外部激励因素的影响。

（一）本土企业自主创新和自主品牌的战略意图

跨国公司 FDI 的知识溢出效应并不是自动发生的，必须通过本土企业战略决策者的远见和决心才能启动。企业只有在具有较高的"报负水平"（aspiration level）时才会产生抓住从 FDI 获取技术溢出的机会，并通过企业战略实施来提高技术水平和技术能力，企业是否具有较高的抱负水平取决于领导者能否通过"战略意图"（Strategic intent）在组织中创造出求胜的精神（Hamel，1990）。战略意图决定企业最终采取何种技术战略，只有勇于采取自主创新和自主品牌战略的本土企业才能够使 FDI 溢出效应发挥最大作用、实现最有效的技术学习、获取知识转移并实现技术进步。

（二）技术学习路径

技术学习路径的选择对本土企业技术溢出的获取与技术能力的提升具有重要的作用。产品内国际分工背景下，单个跨国公司无法掌握产业内全部核心技术或专利标准，因此本土企业的技术学习可以沿着多条路径并行发展，这为本土企业获取领先技术提供了更多可能的选择。例如，当本土企业无法从作为其直接竞争对手的跨国公司获取技术时，它还可能发现与自身利益没有产生直接冲突、但同样掌握同类领先技术的其他外国公司，并通过该渠道获取企业所需的技术知识，成功绕开领先企业设置的技术壁垒。

当然，本土企业实现技术追赶和升级的关键在于技术引进后的消化、吸收和再创新的技术学习过程。从成本收益来看，自主开发与技术引进这两种类型的技术学习各有利弊。选择自主开发的企业需要投入大量的人力、财力、物力资源，同时还要承担由于技术和市场不确定性导致项目失败可能造成的巨大损失，但如果自主开发的技术学习一旦取得成功的话，最终能够使企业获得技术能力的根本提升；选择技术引进的模仿学习，短期看企业可以节省高额的研发资金和人员投入，通过模仿运用引进的先进技术提高企业的短期收益，但其代价却可能使企业最终丧失自主创新技术能力和实现技术追赶的机会。因此，基于企业自身独立的研发活动的自主创新才是根本提高本土企业技术能力最为有效的技术学习方式。

（三）企业制度特征

企业的战略意图和抱负水平从根本上受公司制度特征如股权结构和治理结

构决定。从 FDI 对中国制造业企业的生产率影响的实证研究看，不同类型的企业技术和知识溢出途径是不同的，集体和民营企业通过示范和传播效应获得技术和知识，而国有企业从 FDI 获取的技术溢出则主要来自于竞争效应。企业的股权结构影响企业技术能力和营销能力的提高和对自主创新和自主品牌的激励，国有、民营等不同的股权结构下的企业自主创新的意愿是不同的，一般来说，与国有企业比较，民营企业对自主创新和自主品牌相关能力的开发具有更强的激励效应。

（四）产业竞争政策

竞争政策是培育积极充分竞争的有效保障。何洁（2000）分析了外商直接投资对我国工业部门外溢效应的影响因素，发现外资企业对内资企业部门总体存在正向的溢出效应，并且随着对外开放程度的增加而逐渐加大。FDI 知识溢出效应大小随着该国对 FDI 的开放度的提高而增加的，而这种开放度通常由行业内外资的比重（或者 FDI 数量）来衡量，这是因为外资比重越大，当地企业与其建立联系的机会就越多，示范和模仿效应发生的可能性就越大。充分有效的竞争是本土企业获得技术溢出效应的内在驱动力，开放的政策会充分引入外资企业所带来的竞争压力，从而通过市场力量促进 FDI 溢出效应的产生，而保护性的产业政策往往不能为企业的创新和学习提供有效的激励。

四、FDI 对本土企业升级的影响——以通信设备制造和轿车制造行业为例

2004 年末～2011 年第三季度，外国来华直接投资呈逐年增长的趋势，截至 2011 年三季度，外国来华直接投资为 16256 亿美元，同比增长 418 亿美元，相比 2004 年年末净增长 12566 亿美元，平均增长速度为 37.36 亿美元/年。根据联合国贸易发展组织公布的《2011 年世界投资报告》数据显示，2010 年中国国际直接投资流入量增长幅度达 11%。目前，中国外商投资的主体以跨国公司为主，随着国际大跨国公司进入越来越多，投资规模越来越大，有关跨国公司对中国本土企业影响的研究与争议也越来越多，其中一个争论的焦点就是跨国公司直接投资是否会向中国本土企业发生技术转移和技术溢出，进而能否自发并直接地推动本土企业技术水平和技术能力的提高，成功实现技术追赶和企业升级。

陈小洪（2007）选取典型企业进行比较发现，不同产业的中国制造企业

在技术、制造、市场、规模能力等方面存在相当大的差异（见表6－1）。其中钢铁、石化产业具有较强的技术开发能力和综合实力；通信设备制造业有较强的技术开发能力；液晶产业有一定技术能力，但企业实力较弱；轿车业则亟待提高企业技术能力和综合实力。通信制造业和轿车制造业均是中国外商投资比重较高的两个行业，这两个行业的技术追赶也都是从跨国公司FDI和引进外国技术开始的，但是实施技术追赶的结果却截然不同。本部分选取了两个典型制造产业——通信设备制造业和汽车制造业进行比较分析，探讨产业之间的绩效差异除了受到产业技术特征差异的影响之外，是否存在FDI技术溢出效应方面的差异。

表6－1　　　　　　　　　中国典型产业间技术能力与综合能力比较

分　类	技术能力	综合能力	其中		
			规模比（%）	制造	品牌/分销
钢铁	较强	较好	62.3	一般强 高档接近	国内强
石化	中到较强	较好	24.9	一般强 高档中强	国内强
通信设备	中到较强	中	31.2	较强和强	中到较强
液晶	中强	弱	5.7	弱到中	国内中等
轿车	中	较弱	8.5	一般或弱	弱

资料来源：陈小洪. 我国企业的技术创新：现状、机制和政策［J］. 中国软科学，2007（5）.

（一）行业发展背景

作为中国最为开放也是发展最快的行业之一，通信设备制造业是中国工业中跨国公司投资比重最高的行业之一。自20世纪八九十年代起，大多数全球领先跨国公司开始在中国发展业务，其中包括Cisco、爱立信、Lucent Technologies、摩托罗拉、诺基亚、Nortel Networks和西门子等，至2000年中国的外商投资企业资产在全行业资产总额中占37.44%。与此同时，虽然中国本土通信设备制造企业起步较晚，但通过引进国外先进技术或为依靠企业"代工"等方式已经具备了相当程度的规模生产能力，发展速度大大超出国外竞争对手，产品市场份额大大提高。经过多年的发展，本土企业通过对引进技术进行消化、吸收并在此基础上进行创造性改进，在某些领域已达国际先进水平，以华为、中兴等为代表的本土企业打破了跨国公司多年来的技术垄断甚至在关键技术上取得一系列突破，并且凭借廉价劳动力成本、本地市场强大的需求等优势，在全球市场竞争中显示出较强的竞争能力。2013年华为收入和净利润超越老牌通信设备巨头爱立信，成为全球最大的通信设备供应商，其中65%的收入来自海外市场。

　　与通信设备制造行业相似，20世纪80年代中期，巨大的技术落差也使中国的轿车工业走上了以合资引进技术的道路，德国大众、法国标致、美国通用、日本本田等大型跨国公司纷纷进入中国。经过近十年的发展，2009年中国成为全球汽车第一生产大国，产量突破1000万辆，其中本土汽车制造企业销量增长超过60%，占据30%左右的国内市场份额。本土企业不仅在国内市场具有一定的竞争力，同时也开始进入国际市场与跨国公司进行竞争。中国整车产品主要出口市场是亚洲、非洲和南美洲，2014年在全球市场中占比分别为37.6%、23%和22.2%，欧美市场的出口数量则较小。目前出口的汽车产品多为本土企业生产的自主品牌产品，除了产品出口外，本土汽车企业还开始输出资本，包括奇瑞、长城、吉利、长安等自主品牌汽车企业将在国外设立了总装厂和研发中心，2009年以来，中国汽车业相继出现了上海汽车收购上海通用股权、北京汽车买进萨博的技术、吉利收购沃尔沃等跨国并购案例。即便如此，本土企业在核心技术方面与领先跨国汽车制造商还存在着相当大的差距，尚未形成一批具备国际竞争力的本土企业和知名品牌，国外汽车制造商仍然主导着中国市场。随着市场增长的放缓，国外汽车制造商正在进入目前由本土制造商主导的低价位市场，这直接导致本土企业的市场份额大幅下降，即使是旗下拥有沃尔沃（Volvo）的吉利集团，2012年汽车年产量也不到100万辆，而全球市场国外领先汽车企业的年产量则几倍于此。

　　同为制造业，并且最初阶段同样采取合资方式引进技术，中国通信设备制造业与轿车制造业在获取跨国公司知识转移和竞争力提升方面却产生如此巨大的差异。选取中国通信设备制造行业和中国轿车行业进行比较分析，对理解跨国公司FDI背景下中国本土企业如何获取技术溢出并实现企业升级具有重要现实意义。

（二）企业升级差异的根源分析

　　前面分析可以看出，跨国公司FDI向本土企业知识溢出的发生前提是本土企业与跨国公司子公司之间能够建立起直接或间接的联系，因此影响技术溢出程度的因素是那些能够对二者之间联系产生重要影响的因素。虽然，客观上跨国公司 FDI 的存在为本土企业知识溢出创造了可能性，但本土企业在这种环境下是否能够提升企业能力和竞争力，最大限度地发挥知识溢出效应，还取决于一些激励因素如企业战略意图、技术学习路径、制度特征和产业竞争政策的影响。

1. 企业战略意图

在通信设备制造行业，中兴和华为等本土企业在发展初期就致力于自主技术开发。中兴公司总裁侯为贵先生指出："虽然有各种不同类型的企业，这些企业可以有不同的技术学习战略，但是中国作为大国，需要有一些企业自主开发核心技术，中兴决定做这样的企业"。华为总裁任正飞在《致新员工的一封信》中也写道："一个企业要长期保持在国际竞争中的优势，唯一的办法便是拥有自己的竞争力。当华为拥有知识产权的产品以强劲的竞争力冲出亚洲，走向世界的时候，它代表着一个国家向全世界展示……。"正是中兴、华为这样的中国本土企业家坚持从开始就建立自主创新能力并最终在市场上超出竞争对手，实现了技术追赶。

中国汽车制造行业普遍认为选择拿来主义，即模仿战略是回避短期风险的最有效途径，国有的地位使得中国本土汽车企业能够使用政府的公共资源作为投资来支付高额的技术引进费用，与跨国公司建立"合作关系"，目前中国有实力的轿车制造商绝大多数为中外合资企业；中方合作伙伴在引进技术的盈利模式下缺少自主开发的动机，并逐渐产生路径依赖性进而丧失自主创新的信心和能力。因此 20 年合资路，中国汽车行业技术能力始终停留在简单地复制模仿阶段，自主创新能力几乎为零。

2. 技术学习路径

在通信设备制造行业中，中兴、华为等本土企业早在 20 世纪 80 年代中期就开始通过反求工程进行自主产品研发①，并最终发展出具有自主知识产权的程控交换机。与跨国公司在中国的合资企业如上海贝尔将技术学习的重点放在提高生产能力、降低生产成本以及努力实现"国产化"的做法不同，最初的自主开发产品成功后，本土企业将技术学习和技术创新的重点集中在为满足电

---

① 与简单直接的技术引进不同，反求工程虽然也属于模仿的一种，但企业在反求过程中必须要经历产品开发流程中的完整步骤，才能得到产品定型及批量生产所需的图纸和数据。通常情况下为使产品更加符合本地市场，企业会对原有设计进行修改，模仿改进的尝试有利于企业技术能力的提升。

信新业务发展的要求而进行的软件产品开发和以降低成本而进行的硬件结构、元器件研发上。国产化与自主开发是两种截然不同的两种技术学习路径,前者是根据外方提供的成型设计进行组装,无法对产品进行修改和创新,因此是在给定产品设计条件下通过"干中学"进行制造能力的积累,而后者则可以通过"研究开发中学"培育集成多种技术设计出新产品的能力。本土通信设备制造企业通过持续对交换机硬件及软件的研究开发不断降低成本、改进技术性能、逐渐积累自主创新能力,并最终掌握核心零部件的关键技术、获得市场竞争力。

在中国的汽车制造业,主流合资企业的技术追赶是通过"国产化"来进行的,力图通过引进外资领先的产品技术并努力实现零部件的国产化,最后实现产品的自主开发。但在合资企业中,具有垄断市场和核心技术优势的跨国公司既希望利用本土企业的低成本优势来为自己获取尽可能多的利益,又要提防本土企业发展出向核心零部件和核心模块攀升的能力。因此当本土企业要谋求更高层次的模块价值升级时,就与外资整车企业的利益发生冲突,为了将其锁定在价值链低端定位,外资整车企业就会利用其在价值链高端的垄断势力来限制、排挤甚至封杀本土汽车企业的发展,迫于这一压力本土企业不得不做出妥协,继而对外国产品技术的依赖越来越大,并最终丧失了获取自主开发能力的平台。

3. 企业制度特征

在汽车行业,多年来国家将国有大中型企业作为实现技术追赶的主体,投入了大量的资金,各家国有车企争相合资,但是在自主创新和自主品牌方面却缺乏动力。相反20世纪90年代以来,在自主开发方面取得巨大成就的却是吉利、哈飞、奇瑞等一批新型企业。这些企业或是原来的军工企业,或是其他民营企业,但他们无一例外没有走合资的道路,这些中国的本土汽车企业在自主产品开发中通过持续性的技术学习最终发展起自主开发能力。同样在中国通信制造业,如中兴、华为、大唐、巨龙这些并未采取合资的中国本土企业实现了对跨国公司合资企业的技术追赶。值得注意的是,四个本土企业中,只有华为是一家民营企业,其他三家都是国有企业,但最终华为获得技术和市场领先的地位,这也可以从某种程度上说明民营企业具有比国有企业更强的技术和市场激励。

4. 产业竞争政策

中国的通信制造业的发展并没有采取封闭保护的行业政策,而是鼓励多种主体参与，建立有效的竞争环境，企业直接面对开放的国际市场竞争。在激烈的国际压力下，本土企业只有通过不断地创新才能实现发展和获取竞争优势，因此促进了本土企业自主开发能力的提高，实现了有效的技术追赶。相反，中国汽车制造业是受政府保护最严格的行业之一，汽车制造业存在比较高的进入管制壁垒，一度以"规模"和"集中度"为原则限制民营资本进入并扼杀竞争，在全球跨国公司已经基本进入中国汽车市场的情况下，大量本土企业尤其是民营企业却由于过高的进入壁垒无法进入市场，形成了寡头垄断的市场结构，这种市场结构势必造成受保护的垄断企业缺乏市场竞争的压力和对自主开发的要求，其结果是企业缺乏技术学习的动机、降低技术能力积累的效率。随着近些年来汽车行业准入限制的放宽，越来越多的本土企业冲破体制限制，打破了汽车行业由外资股权和国有资本结合形成的封闭产品供应体系，形成了更为有效的市场化组织分工体制，为中国汽车工业的发展注入了新的活力。

（三）结论及政策建议

　　20 世纪 90 年代以来跨国公司在华投资一直呈快速的增长态势，通过 FDI 来实现本土企业的升级需要形成有效的互动学习机制。从通信设备制造业和汽车制造业的比较分析可以看出，企业技术学习路径、战略意图、制度特征和产业竞争政策的差异是导致两个行业在同样采取外资直接投资进行技术追赶的情况下，却产生不同结果的根源。由此可见跨国公司 FDI 的知识溢出并不会自动导致技术知识和管理经验在中国本土企业的扩散、更不可能直接导致中国本土企业实现升级。

　　因此，为了更好地发挥 FDI 促进中国本土企业自主创新和自主品牌能力的提高，需要从以下几个方面作进一步的政策调整：首先，进一步深化中国垄断行业改革，在严格执行行业进入的技术标准、环境保护标准的同时，适当降低进入门槛，提高行政审批效率，打破国有控股型大型企业的市场垄断地位和政府保护政策，建立更具竞争的市场结构和企业制度，使外商投资企业、国有控股企业、民营企业在市场环境中处于平等的地位，并在民营企业国际化发展过程中给予更多的扶持，提高其国际资源整合能力和国际经营风险控制能力；其次，实行多元化的外资政策，防止跨国公司垄断重要的行业市场，通过多元化吸引外资，促进跨国公司之间在国内市场的竞争，摆脱跨国公司在国内市场竞争的技术锁定，并通过完善外资并购管理办法和出台反垄断法来防止外资垄断国内市场；最后，进一步深化企业治理制度和科技体制改革，促进本土企业形成技术学习的内在机制和自主创新的战略意图，增加对企业研发的投入，并通过产学研合作等方式，提升本土企业的自主开发能力和市场竞争力。

第四节　本章小结

产品内国际分工为发展中国家本土企业通过参与简单加工区段，融入全球生产网络提供了一种新的切入点，在此背景下本土企业通过进口中间产品、签订外包契约、与跨国公司建立产业关联等路径充分实现规模经济、比较优势和投入产出效应，并获得学习模仿等技术溢出机会，有利于本土制造业获取知识转移及技术能力的提升，促进产品在国际市场上出口竞争力的提高，从而实现"引进来"和"走出去"的良性互动、有利于企业升级（见图6-5）。

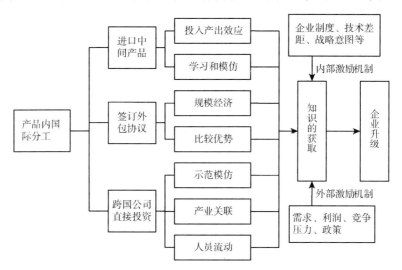

图6-5　全球生产网络下本土企业升级学习机理

当然，嵌入全球生产网络并不必然导致本土企业的获取知识并实现升级，这还取决于内外部机制的影响，其中可能对知识获取产生激励作用的内部因素包括企业制度、技术差距和战略意图等，外部因素包括需求、利润、竞争压力和政府政策等。

第七章 本土企业网络利用模式及升级战略选择

制造业是国民经济增长的主要动力，是推动中国经济转型升级的支柱产业。以传统劳动密集型产业为主的中国本土制造业通过"代工"模式融入跨国公司主导的全球分工体系，并获得了快速发展，但自2008年金融危机以来，由于中国制造业长期处于国际垂直分工体系末端，品牌创造创新能力不足以及产品技术知识含量和附加值低下，导致其陷入发展困境。长期忽视升级和国际竞争力提升机制的构建，大多数本土企业在全球价值链中扮演"制造、加工与组装"的角色，不仅在专利技术和上游资源购买方面严重依赖于发达国家，物流、营销及销售渠道方面的能力也较发达国家更弱。2015年国务院发布启动"中国制造2025"，提出要打造具有国际竞争力的制造业，实现从中国制造向中国创造的转变，其根本在于提升中国制造企业在国际分工中的价值获取势力，增强企业创新能力并扩展价值创造空间，实现在全球价值链上的升级。

本部分在对资源基础观与社会网络观整合基础上，基于网络资源这一概念，重点探讨本土企业如何在全球生产网络背景下通过主动构建网络联系来实现升级的网络管理策略选择，促进中国本土企业在全球生产网络中实现可持续的产业升级。

第一节 资源视角下本土企业全球生产网络的利用与管理

一、本土企业网络利用模式的整合分析框架

近年来资源基础观已经成为战略管理文献中最有影响的框架之一。该理论从企业拥有和开发的独特资源的视角来理解企业的获利性与成长性，将企业概括为由一系列异质性资源组成的异质性实体，强调内部资源对企业获得并维持

竞争优势具有重要意义。资源基础观认为资源的内部开发、资源的性质和利用资源的不同方式与企业的获利性相关，资源是由企业内部积累形成的，无法交易、模仿和无法替代资源的积累存量是企业竞争优势的关键。资源基础观对于企业异质性的前提假设导致其认为赋予竞争优势的资源必须存在于企业边界内，关于资源异质性的假设强调了建立限制和阻止其他企业模仿、复制和削弱竞争优势的机制的必要性，这种机制被称为隔绝机制，是资源基础观下竞争优势持续性的重要保障①。

资源基础观对于资源特征的界定进一步强调了其对于企业异质性的假设，即受市场失灵的支配，企业在其资源禀赋方面是异质的，并且资源是"黏性的"，在一定时间内，无法变化的资源就成为企业竞争优势的决定性因素。可见资源基础观集中针对的是企业内部所拥有或控制的资源，忽视了联盟伙伴的外部资源对企业竞争优势的绩效的贡献的分析，因此资源基础观理论对于分析存在网络联结的企业的竞争优势方面具有局限性；另外，资源基础观是从已经拥有竞争优势的领先企业的角度研究竞争优势的持续性和企业战略问题，强调在位企业如何通过建立资源隔离机制享有先入者的优势，使模仿者和追随者无法实现追赶。因此，虽然该理论为企业如何保持其现有的竞争优势提供了较满意的解释，却无法对一些最初拥有较少资源的后进企业通过建立网络联结获取外部资源逐渐克服在位者的优势，提升竞争力提供理论依据。

企业在运作过程中需要与供应商、客户、竞争者以及其他组织之间建立长期合作关系，社会网络将研究重点集中在网络各行动者之间的关系及其嵌入其中的网络结构上，考察了网络关系、结构及网络层面组织合作、沟通、学习与模仿对组织行为和绩效的影响。企业网络中可以实现资源交换与共享，全球生产网络中，由于发展中国家后进企业有可能获得那些无法在直接要素市场上获得或者依靠企业自身需要花费更多时间和成本的有价值的稀缺资源，因此后进企业可以在全球范围内分享那些网络中已经存在的资源。由于这些资源无须与其原始企业分离，资源的无法交易性的问题得以避开，这解决了后进企业资源

---

① 戴维·贝赞可等（1996）将隔离机制分为两类：模仿障碍和提前行动者优势其中模仿障碍是一种阻止其他企业通过模仿资源而构成企业竞争优势基础的隔离机制，例如法律限制（专利、版权等）、独特的资源投入和良好的销售渠道、市场容量和规模经济以及由于原因不明、路径依赖及社会复杂性带来的无形的模仿障碍等；提前行动优势是指企业一旦获得了竞争优势，就不断扩大其相对于竞争对手和潜在进入者的竞争优势的隔离机制，例如学习曲线、网络外部性、消费者转换成本、声誉和消费者的不确定性等。

内部积累所需要的时间和成本问题。

　　网络联结资源和网络结构与位置资源是网络资源两种重要形式：一方面企业通过与供应商、客户、竞争者以及其他组织之间建立起来的网络联系进行相互学习、共享各自的资源和知识，这些跨越企业边界、嵌入在企业间的惯例和过程中的网络联结就成为获得竞争优势的关键网络资源；另一方面原本分散在网络中的信息知识资源会自发地通过网络结构被企业获得，这使得网络行动者之间的信息共享或知识转移的效率大大提高①，企业所嵌入的网络结构和网络位置也成为企业获得竞争优势的关键网络资源。因此，尽管资源基础观假设创造价值的资源是由焦点企业拥有和控制的内部资源，但网络资源这一企业通过网络获得的外部资源，对于企业理解及实现战略优势同企业内部资源具有同等关键的作用。

　　图7－1整合了社会网络观和资源基础观，提出了一个复杂的多层次整合框架，用于分析全球生产网络下本土制造企业升级的网络管理和利用问题，强调企业内部资源禀赋和外部网络资源机会对于战略选择的重要性。资源作为分析的基础既包括企业自身拥有的内部资源，也包括存在于自我中心网络的网络资源，本土企业如何利用全球生产网络的战略决策应从企业、关系和网络三个层面考虑，并建立在其拥有的内部资源和对网络资源需求进行分析的基础上。

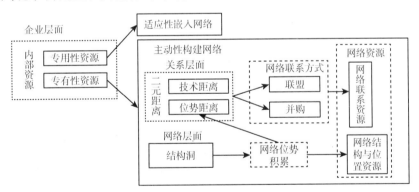

图7－1　本土企业网络利用模式的整合分析框架

本土企业网络利用模式的整合分析框架将研究视角放在单个企业上，这里

---

① Ahuja G. The Duality of Collaboration：Inducements and Opportunities in the Formation of Interfirm Linkages [J]. Strategic Management Journal. March SpecialIssue, 2000（21）：317－343.

我们将单个企业被称为焦点企业，焦点企业与其他行动者之间建立的直接联结称为网络联结，将焦点企业以及与其直接联结的行动者集合称为自我中心网络。企业的自我中心网络是在将全球生产网络作为整体生存环境、与其他企业建立的网络联结为外在存在形式，以自身为核心将能力提升和价值增值作为目的主动构建的企业网络。

发展中国家本土企业利用全球生产网络存在两种方式：一种是适应性地嵌入已有的网络，加入由发达国家领先企业主导的全球网络，与领先企业建立联系，通过利用已有网络中的生产活动分工，在现存的网络中找到自己的位置并通过完成其中的某一价值链环节获取利润；另一种是主动性地构建新的自我中心网络，按照自己的需求寻找并建立适合的网络联结和网络结构，改变原有网络的分工或者创造新的分工秩序，获取有利于本土企业进一步升级的网络资源。为实现超越式发展，充分利用"后发优势"，一些具备条件的本土企业应当着眼于主动性构建自我中心网络，依赖于自身的独特资源主动选择适合的方式与适合的领先企业建立广泛联系、并通过正确的网络定位进行网络位势积累，以最大限度地获取网络联结资源和网络结构与位置资源，在这个过程中，企业基于内部资源的网络战略选择应从三个层面展开：企业层面的网络利用模式分析、关系层面的网络联结方式分析和网络层面的网络位势积累。

二、企业层面——适应性嵌入还是主动性构建

企业资源基础观认为企业行为受其所拥有资源的影响，企业所拥有的内部资源的特征决定了本土企业利用全球生产网络的动机与机会。发展中国家本土企业通常在技术领域较为落后，而以知识为核心的技术资源的开发又是消耗时间且成本高昂的，因此对高层次技术资源的需求成为本土企业与国外领先企业建立网络联结的主要动机；而对于那些在本土制造成本高昂的跨国公司来说，低制造成本则是吸引它们与发展中国家本土企业建立网络联结的主要原因。因此全球生产网络下后进企业与领先企业建立网络联结的程度则取决于彼此所拥有的资源能够给对方带来的价值。资源的"专有性"和"专用性"就成为有价值的企业资源的两个特征，"专有性"强调资源的稀缺性，"专用性"则强调资源的特适性。"专用性"资源指那些只有与特定对象结合时才能实现更大的价值创造的资源，因此具有一定的适用范围；"专有性"资源则是那些具有价值性、稀缺性、不可替代和难以模仿性特征的资源，这一类型的资源使企业具有一定的排他力，其拥有者也因此获得一定的垄断力。

　　产品内分工使得以领先企业为主导的全球生产网络中的所有企业成员必须具有相应的功能来实现价值链的配套发展。随着产品内国际分工程度的提高，越来越要求企业拥有专业化的资源或能力并且对价值链中不同企业拥有的专业化的资源和能力进行协调整合，这必然会降低单个企业实现一个完整的价值创造活动的可能性，单个企业所拥有资源和能力要想在价值创造中发挥作用越来越依赖于其他企业，这形成了企业资源的"专用性"。中国本土制造企业最初依靠劳动力、原材料资源等低成本的比较优势嵌入到具有多个零部件生产环节全球价值链中，从事产品"代工"或"非核心零部件"的生产，并深深依赖于价值链中的核心企业，在参与由领先核心企业主导的全球生产网络中，根据主导企业的特殊要求对产品质量、生产流程、使用设备和生产技术等相关资源和能力进行专用性投资，逐渐积累形成大量的"专用性"的资源。在这种背景下，绝大多数本土企业在进入全球生产网络初期，"被迫"积累了大量的"专用性"资源，但"专有性"资源的缺乏使其无力主动以"自我为中心"构建网络，因此这一阶段的本土企业适合采取适应性嵌入网络的方式加入由发达国家领先企业主导的全球网络，通过利用已有的网络中的生产活动分工，在现存的国际分工中找到自己的位置，通过完成其中的某一价值链环节并获取利润是最为现实的选择。

　　随着本土企业凭借制造领域优势在全球生产网络中逐渐胜出，为获得更多利润，一些优秀的且具有远见的本土企业开始实行差异化竞争战略，不断寻求差异性竞争优势行为、进行差别化创新，在竞争与创新中不断对已拥有的生产制造类资源和组织文化类资源进行整合，获取区别于其他企业的能力。由于资源和能力积累具有路径依赖性的特征，企业所拥有的资源和能力是建立在其自身长期积累基础上形成的不同于其他企业的异质性资源，具有难以模仿和难以替代性的特征，是企业独享的"专有性"资源或能力。对于本土制造企业来说，这些专有性资源通常意味着企业占据某个较高层次的价值链环节，例如在研发、设计、品牌运作、关键零部件和核心技术等领域积累并形成了一些企业独特且难以被他人超越的知识和技能。这些"专有性"资源可以对其他企业产生极大的吸附性，同时也可以通过可信的退出威胁机制为自己在价值链的收益分配中争取到相当份额，因此拥有"专有性"资源的本土企业可以凭借这种"被依赖"关系在全球生产网络中吸引其他企业，主动构建自己的自我中心网络，并凭借这些独特资源在全球网络中逐渐向中心位置移动以获取价值链收益中的更大部分。

作为一家从没有任何微波炉技术基础而发展成为具有自主创新能力的国际知名企业,格兰仕在全球网络中的发展也印证了企业内部资源对于网络利用模式的影响。刚进入微波炉行业时,格兰仕在技术、品牌等各个方面都不占有优势,唯一的优势就是由于劳动力成本和原材料成本较低而凸现的制造成本优势,在此情形下企业选择为国际知名企业做"代工"嵌入全球生产网络中,由领先企业提供成套的最新设备和技术,通过受让国际知名品牌生产线(如总装车间的微波炉生产线和配置装置的设备大部分由法国、日本、美国等合作企业提供)、外购磁控管、变压器等微波炉核心零部件的方式在中国组织生产,实现快速扩张。掌握了低成本优势的格兰仕并未满足,在引进国外先进的生产线的同时,努力获取并吸收国外领先的技术和管理知识,严格按照国际质量标准组织产品生产,并结合市场的需求对产品的实用性能、外观设计、精美包装等环节进行改进,逐步实现自主研发,进而完全掌握了微波炉所有相关的核心制造技术。由于格兰仕兼有低成本优势和核心技术能力的"专有性"资源,凭借这个优势,格兰仕在全球微波炉产业价值链中有了较强的博弈能力,被公认为微波炉配套能力世界最强的企业,并且主动将业务向欧盟、美国、日本、东欧、拉美、中东等海外市场拓展。随着产品国际竞争力的增强,企业以自我为中心主动在全球范围内构建网络,例如通过与跨国品牌的授权合作扩大自有品牌影响、与当地大客户成立合作品牌、在新兴市场及发展中国家通过品牌代理商进行自主品牌专营等,有效地摆脱了其对发达国家领先企业的依赖,改变了在全球价值链体系中的被动地位,成为具有国际影响力的中国本土制造企业。

从格兰仕在全球生产网络中的升级历程看,企业最初通过"专用性"资源嵌入领先企业主导的全球分工体系中,与发达国家领先企业建立网络联结,并通过有效的市场差异化战略和创新差异化战略,在逐渐积累"专有性"资源之后通过寻求主动构建网络的行为来提升在全球网络中的价值获取势力。

三、关系层面——联盟还是并购

本土企业主动构建自我中心网络,其与目标企业建立网络联结的可能选择包括联盟和并购两种形式:联盟是以企业间的资源或能力的交换、共享或共同发展来获取收益,并购则是企业将外部资源内部化的行为。在焦点企业与目标企业的关系层面上,由于二者在某些指标或要素上必然存在着一定的差异性,这种差异性会对焦点企业获取网络资源的需求产生影响并进一步对其所选择的网络联结方式产生影响。由于技术和位势特征都代表企业状况的重要方面，并且与获取网络资源的需求高度相关，构成企业战略决策中不可分离的要素，因此本研究选取技术和位势距离作为衡量二元距离的主要因素。

（一）技术距离

技术要素是组织间建立关系的重要主题。当技术距离大时，企业通过联盟和收购方式协调企业之间资源能力差异的不确定性和风险都会加大。虽然收购能够通过层级结构对目标企业资源进行控制，可能有利于存在较大技术距离的企业间的知识转移，特别是隐性知识的转移，但是过大的技术差距会增加企业间资源协调的困难。由于信息不对称的存在，本土企业可能无法通过联盟或收购真正理解并获得存在于领先企业的技术资源和价值，增加了合作的不确定性，加大合作风险。只有当技术距离中等时，联盟才会提供更具价值的灵活性和在两个伙伴之间协调技术的能力，中等程度的技术距离增加了战略联盟中落后企业的吸收能力并使相互学习成为可能。随着企业间的技术距离进一步缩小，有关技术兼容性的不确定性问题会降低，在收购决策中所面临的重要障碍——信息不对称会被最小化，企业能够为获取网络资源支付一个最合理的价格并通过并购消除竞争对手。

因此，当本土企业最初与发达国家领先企业存在较大的技术距离时，处于技术绝对劣势的本土企业应着眼于努力积累技术资源，缩小差距，并在技术距离适合的情况下采取联盟的方式与领先企业建立网络联结，获取联盟伙伴的技术知识和资源。随着技术距离的进一步缩小，本土企业可以进一步通过并购的方式，运用组织内部层级制度对所收购企业的资源和技术进行控制，实现技术知识等资源从领先企业向本土企业的转移。

（二）位势距离

作为在社会中形成并得到一致认可和接受的对于个体、群体、组织或社会系统中活动的安排或排序，位势反映行动者在群体中建立在声望、声誉和尊重基础上的相对位置，能够为实现经济目的而被杠杆化利用。企业网络位势指企业利用网络关系来增强其相对于竞争对手的社会地位，它可以通过企业在全球网络中的位置排序—网络中心性来测度，这关系到企业在网络联结中的影响力。位势除了表明企业在行业等级中的位置，还关系到企业产品的质量认可度，与竞争对手相比，位势高的企业所提供的产品的质量认知度更高。

从高位势企业的立场看，通常情况下企业的网络联结更可能发生在位势相近的两个企业之间，这是因为：首先，与低位势伙伴建立网络联结，会让行业外的观察者认为高位势企业认可了低位势伙伴制造的产品，对高位势企业产生不利影响，因此当交易结果不确定时，信号效应鼓励企业与相似位势的企业建立网络联结①；其次，位势距离较大的网络联结中，不平等的合作使拥有高位势的伙伴不太可能投入与低位势伙伴同等的资源，相似的位势才可能使双方在共享网络资源时的成本与收益表现出更高程度的公平性和承诺。但站在低位势企业的立场看，当存在较大的位势距离时，低位势的企业与高位势企业建立网络联结会有助于前者获得先进的技术或市场声誉进而实现经济利益，因此在全球生产网络中，处于相对较低位势的发展中国家本土企业为获取技术、品牌、销售网络等存在于网络中的无形资源，会具有更强烈的动机与位势较高的领先企业建立网络联结。由于收购可以使本土企业通过权力层级治理的形式控制自身和外部资源，降低其对高位势企业资源的依赖性，因此为避免低位势企业在网络联结中可能面临的不公平、降低风险，处于低位势的本土企业在条件允许的情况下可以选择收购的方式与高位势的领先企业建立网络联结。

作为一家本土汽车制造企业，吉利集团从 1997 年进入汽车领域，取得了快速而长足的进步，并逐步走向国际市场。为获取制造成本优势，吉利在初入汽车领域时除在某些关键工序上采购国际通用设备外，大量自主研制工艺工装，同时通过"反求工程"进行自主学习，在不断试错过程中积累经验数据，建立自己的轿车研制数据库，并建成了包括产品开发体系、技术管理体系和产品验证确认体系在内的三大技术基础体系。企业通过内部学习积累相关技术知识，技术能力得以提升，在与领先企业技术距离缩小之后吉利将视角转向国外企业，通过联盟方式与国外领先企业建立起多个合作项目开发，先后与韩国大宇国际、意大利汽车项目集团、德国瑞克进行了全面技术合作联合开发造车，通过与领先企业建立起来的网络联结获取联盟伙伴的技术资源。这种基于技术资源的企业联盟方式大大地促进了企业研发类知识的转移，迅速积累了轿车产品设计和制造的基本技术能力，形成独立的造型设计、工程设计、工程分析、试制试装和同步工程能力。逐渐拥有自主知识产权的吉利集团，其自主品牌也开始具有一定的知名度，吉利开始了更为广泛的国际合作，依托已有的"专

---

① 当然，当低位势企业拥有"专有"的互补性资源时（如行业、地理或能力方面），高位势企业也会乐于接受与低位势企业的合作。

有性"资源与更多高位势企业建立更为广泛的包括基于市场资源、供应商关系资源、技术和品牌资源在内的网络联结，主动构建起自我为中心网络，先后通过合资并购等方式获得国外企业先进技术、著名品牌、成熟销售网络等优势资源。通过对国外高位势企业的一系列合资并购，吉利获得了众多著名品牌的先进技术和知识产权，从此拥有中高档轿车的生产能力和品质保证能力，品牌形象得到极大提升，至此吉利成功从自主品牌向国际品牌的华丽变身，实现了在全球网络中地位的提升。

四、网络层面——是否选择"结构自主性企业桥"角色

企业不是以独立原子的形式存在，其战略行为更多发生在网络环境中，全球化背景下企业行为无法独立于其所处的全球网络环境。本土企业升级意味着企业不断提升在全球生产网络中的角色，提高企业在国际分工中的地位，从网络边缘位置向网络中心位置转移的位势积累有利于本土企业与领先企业建立网络联结、构建自我中心网络，实现企业升级。

作为一种重要的网络位置资源，通过在没有直接关系或间接看来不拥有共同关系的两个行为者间建立"桥"，结构洞不仅让企业从网络联结中获得了非冗余信息[①]，更通过占据最好的位置控制了信息流并利用位置优势使其他企业相互竞争，降低了潜在的风险。占据结构洞的企业可以在相互没有联结的企业之间扮演中介者的角色，在网络中获得更多优势：可以利用独特的中介位置成功地选择未来的合作伙伴与新兴技术；利用接触到的更多存在于相邻企业的外部业务信息的机会，更好地杠杆化其内部优势并利用外部资源；将自己塑造成一个技术熟练、知识丰富的合作伙伴形象，从而吸引更优秀的处于更高位势的合作伙伴并对伙伴实施控制。在与高位势企业的位势交换的过程中，占据结构洞上的中介企业提供给高位势伙伴获得那些跨越结构洞的有关新业务机会的信息的途径，同时通过主动接近潜在高位势伙伴得以利用存在于新伙伴身上的机会。在某些情况下，当占据结构洞的低位势企业觉察到高位势伙伴计划从事某一项目时，会有意图地主动接触他们并为其提供服务，即使低位势企业并不具

---

① 在大多数网络中，成员倾向于形成集群，这样他们通过密集的社会关系网络联结，因此彼此认识，意识相同类型的机会，获得相同类型的资源并分享相同类型的理念。由于无法获得接近网络集群外部伙伴的渠道，有关业务机会的信息在集群内的交换将会是集群成员都已经了解的，多属于冗余信息。正是因为集群间联系的缺乏产生了网络中分布信息的不均匀，跨越不同集群建立了桥梁联系的企业有机会获得有关"更多有关业务信息的机会"的非冗余信息。

有在项目中起作用所需要的全部资源，也仍然能够从其多样化的网络伙伴群中获取资源并且将它们提供给潜在的高位势伙伴作为自己的贡献。通过这种方式，企业能够通过占据网络中的优势位置，逐渐接触高位势企业，逐渐从网络边缘位置向网络中心位置移动。

全球生产网络是一种与封闭网络截然不同的稀疏的开放性网络结构，网络中的参与者之间的相互联结程度和网络密度较低，其特征表现为：网络中信息及其他资源的流动相对较慢；网络成员间形成相互信任、共同的价值观和行为模式更为困难；由于难以形成声誉效应，网络成员间难以形成有效的约束。与此同时，全球生产网络的信息多样程度较高，任何企业都可能拥有特有的信息，多样化竞争的程度较高。结构洞理论对于指导这类稀疏网络结构当中的企业行为是有效的。结构自主性是自我中心网络具有"自身自由而大量掌握其他参与者结构洞"的特性，结构自主性企业桥的角色预示着其他企业不仅从焦点企业那里获得其所拥有的信息与资源，而且通过焦点企业获得其他企业的资源。本土企业容易在本土资源与跨国企业之间建立"桥梁"，通过占据结构洞位置创造获取新的信息和资源的机会，相对于网络中的其他企业更具竞争优势，因此相对于结构自主性低的企业来说，结构自主性高的本土企业在网络中与其他企业分享了更多、更有效的信息、知识和资源，企业可以通过消化吸收外部网络资源优势来进一步创造企业独特的"专有性"知识和资源，增加其他企业对自身的依赖性，提升自身在网络中的地位。因此，处于全球生产网络中的本土企业应有意识地培育自我中心网络构建能力，合理安排自身网络位置战略，在其他本土企业与跨国公司之间建立桥梁，努力占据能够从其他伙伴那里获取知识和信息的结构洞位置，实现从全球网络边缘位置向网络中心位置的转移。

第二节　发挥"网络协同"作用
促进本土企业升级战略

前一部分整合了社会网络观和资源基础观，提出了一个复杂的多层次整合框架，分析全球生产网络下本土制造企业网络升级中的网络利用及管理问题，可见企业内部资源禀赋和通过网络关系嵌入获得的外部网络资源机会对于企业升级战略选择的重要性。从企业层面上看，企业自身的资源能力禀赋影响了本土企业利用全球网络的动机和机会，进而决定着企业利用全球网络的模式选择；从本土企业与领先企业的关系层面上看，技术和位势距离与本土企业建立网络联结的能力和风险相关，二者因此影响网络联结方式的选择；从网络层面上看，本土企业通过占据结构洞位置能够在网络中与其他伙伴分享用更多、更有效的知识、信息和资源，提升其在网络中的地位。

虽然大多数本土制造企业通过整合国内价值链及低廉的劳动力成本实现了低成本生产经营类资源的积累，成功嵌入到全球生产网络中，但如何在发达国家和其他发展中国家的"双向挤压"中提升国际竞争力，实现转型升级还需要进一步扩大制造业的对外开放，充分整合企业的内外部资源，发挥"网络协同"作用。

一、由"专用性"资源积累向"专有性"资源积累转变

资源能力互补性是发达国家领先企业选择与本土企业建立网络联系的首要考虑因素，出于对降低成本和快速响应市场需求的考虑，本土企业的低成本、快速、高效的制造能力以及弹性的交货能力等是发达国家领先企业所需要的互补性资源与能力。通过对价值链活动的有效组织，获取低成本生产经营类资源是本土企业实现升级的第一步，拥有大规模生产制造的能力和资源的中国本土企业在全球生产分工背景下高效地运用超大规模协作范式，在适应了全球化"灵活的大规模生产"要求的同时又能够将基本上已经标准化的产品加以不断地变化和改进，因此具备吸引领先企业与其建立网络联系的条件。这些低成本生产经营类资源越丰富、能力越强，在全球生产网络中本土企业与国外领先企业建立网络联结的可能性越大，越有机会获得全球领先企业的知识，并在此基础上充分实现自身资源的效用极大化。

这些通过整合内外部价值链的方式积累低成本生产经营类资源的本土企业多以"代工"模式嵌入到全球网络中，在技术和品牌上依赖于价值链中的核心领先企业，根据主导企业的特殊要求对产品质量、生产流程、使用设备和生产技术等相关资源和能力进行专用性投资，"被迫"积累形成了大量的"专用性"的资源。为避免陷入"升级困境"中，企业应着眼于积累难以模仿和难以替代性的企业独享的"专有性"资源，即存在于较高层次的价值链环节如研发、设计、品牌运作、关键零部件和核心技术等领域中独特的知识和技能，提高企业价值获取能力，进而实现升级。

二、由"单一性"网络关系嵌入性向"多样性"网络关系嵌入性转变

通常情况下，全球生产网络中发展中国家本土企业与发达国家领先企业建立起来的网络联结划分为基于技术资源的技术关系嵌入性和基于商业资源的业务关系嵌入性两种类型，其中前者是以获取技术资源为目的建立的网络联系，后者是以获取制造资源、市场资源、品牌资源、供应商关系资源等商业资源为目的的网络联系。目前大多数中国本土企业仅与某一类型的国外企业建立起或基于技术资源或基于供应商资源的单一化的网络联系，虽然网络伙伴的同质化和单一化使得企业专注于与少数伙伴交流，方便促进某一类型的知识转移，但过度集中化降低多样性，减少了非重复信息及获得新机会的途径，束缚了企业更广泛的知识的开发和获取。

企业实现升级的关键是寻求能够形成互补的战略性资源，"单一性"的网络关系嵌入性将企业锁定在狭窄的联系范围内，无法获得更多新鲜的外部创造力的源泉，可能会错过与更有效的伙伴合作的机会，进而被锁定在低效率、甚至是无效率的联系中，限制了企业进一步升级的可能性。因此，随着企业升级向更高阶段转变，企业应主动与更多国外领先企业建立"多样性"的网络关系嵌入性，从单纯获取制造资源和供应商关系资源的网络联系向基于技术资源和市场与品牌资源的网络联结类型转变，有意识地培育大量异质性的网络联系，增加网络的多样性以及网络的开放性，以获取更加多样化和更高端的网络资源以实现优势互补。

三、由"适应性"网络嵌入向"主动性"网络构建转变

目前，大多数本土企业选择"适应性"地嵌入发达国家领先企业主导的全球生产网络中，通过完成其中的某一价值链环节来获取利润。未来中国制造业中的核心企业应关注自身在全球生产网络中的位置，努力使其向中心移动并增强企业在网络中的地位，运用优质的"专有性资源""主动"构建由企业自己主导的自我中心网络。随着在全球价值网络中向中心位置的移动，企业的关注重点应逐渐放在全球化的格局中，借力产业整合和资源重组，不断地提升自身的价值创造能力，产生"质变"形成内生性优势。在此基础上充分利用"后发优势"，通过海外投资、跨国并购等方式按照自己的需求建立适合的网络联结和网络结构，改变原有的网络分工或创造新的分工秩序，最终实现从传

统企业升级向价值网络升级的转变，提升企业在全球范围内的市场势力。

　　构建自我中心网络需要企业不断提升包括网络构建能力、关系组合管理能力和关系管理能力在内的网络管理能力。网络构建能力帮助本土企业在全球生产网络中识别并评估合伙伙伴，构建有利于企业升级的战略性网络，尽可能地占据网络中心性位置，并随着环境变化和自身需求的变化，不断维持及改进使其总是处于有利的网络位置中；关系组合管理能力有助于本土企业在其构建的自我中心网络内实现关系组合的优化，这包括对供应商、分销商、顾客等在内的合作伙伴之间的关系进行优化管理，在组合内和组合间进行资源优化配置与关系整合；关系管理能力决定了本土企业创造、管理和终止与国外领先企业的网络联系的能力，关系管理能力直接影响了本土企业从领先企业处获取信息、技术、知识等网络资源的能力。

四、基于企业内部资源禀赋选择适合的网络嵌入模式

　　首先，在本土企业升级过程中对利用网络模式的选择上，企业最初可以通过"专用性"资源适应性嵌入由发达国家领先企业主导的全球生产网络中，并逐渐采取有效的市场差异化战略和创新差异化战略，积累一定的"专有性"资源之后，通过主动性构建网络行为实现网络中更高层次升级。本土企业应有意识地培育自身的良好的自我中心网络能力，合理安排自身网络位置战略，在其他本土资源与跨国公司之间建立桥梁，努力占据能够从其他伙伴那里获取知识和信息的结构洞位置，实现从全球网络边缘位置向网络中心位置的转移带来的位势提升。

　　其次，当本土企业最初与发达国家领先企业存在较大的技术距离，处于技术绝对劣势的本土企业应着眼于努力积累技术资源，缩小差距，并在技术距离适合的情况下采取联盟的方式与领先企业建立网络联系，获取联盟伙伴的技术知识和资源。随着技术距离的进一步缩小，本土企业可以进一步通过并购的方式，运用组织内部层级制度对所收购企业的资源和技术进行控制，实现技术知识等资源从领先企业向本土企业的转移。

　　最后，本土企业为获取技术、品牌、销售网络等存在于网络中的无形资源，应努力与位势较高的领先企业建立网络联结。由于收购可以使本土企业通过权力层级治理的形式控制自身和外部资源，降低其对高位势企业资源的依赖性，因此为避免低位势企业在网络联结中可能面临的不公平、降低风险，处于低位势的本土企业在条件允许的情况下可以选择收购的方式与高位势的领先企业建立网络联结。

附录一 国际贸易标准分类（SITC 3.0）与我国工业部门的对应关系表

工业行业和商品名称	国际贸易标准分类（SITC 3.0）编码和名称
纺织业	269 worn clothing etc.
	651 textile yarn
	652 cotton fabrics，woven
	653 fabrics，man－made fibers
	654 other textile fabrics，woven
	655 knit/crochet fabric n. e. s.
	656 tulle/lace/embroidery etc.
	657 special yarns/textile fabrics
	658 made－up textile articles，n. e. s.
	659 floor coverings etc.
服装皮革羽绒及其他纤维制品制造业	841 men's/boys' wear，not knitted/crocheted
	842 women's/girls'wear not knitted
	843 men's/boys' wear knitted/crocheted
	844 women's/girls' wear knitted/crocheted
	845 articles of apparel
	846 clothing accessories
	848 headgear/non－textile clothing
	611 leather
	612 leather manufactures etc.
	613fur skins tanned/dressed
	831 trunks and cases
	851 footwear

续表

工业行业和商品名称	国际贸易标准分类（SITC 3.0）编码和名称
木材加工及家具制造业	633 cork manufactures
	634 veneer/plywood etc.
	635 wood manufactures n. e. s.
	821 furniture/stuff furnishing
造纸印刷及文教用品制造业	251 pulp and waste paper
	641 paper/paperboard
	642 cut paper/board/articles
	892 printed matter
	894 baby carriages/toy/game/sport
	895 office/stationery supply
	898 musical instruments/records
非金属矿物制品业	661 lime/cement/construction materials
	662 clay/refractory material
	663 mineral manufactures n. e. s.
	664 glass
	665 glassware
	666 pottery
	667 pearls/precious stones
金属制品业	691 iron/steel/alum structures
	692 metal store/transport
	693 wire products excluding insulated wiring
	694 nails/screws/nuts/bolts
	695 hand/machine tools
	696 cutlery
	699 base metal manufactures n. e. s.
	811 prefabricated buildings
	812 sanitary/plumb/heat fixtures

工业行业和商品名称	国际贸易标准分类（SITC 3.0）编码和名称
交通运输设备制造业	781 passenger cars etc.
	782 goods/service vehicles
	783 road motor vehicles n. e. s.
	784 motor vehicles parts/access
	785 motorcycles/cycles etc.
	786 trailers/caravans etc.
	791 railway vehicles/equipment
交通运输设备制造业	792 aircraft/spacecraft etc.
	793 ships/boats etc.
电气设备及器材制造业	771 elect power machinery
	772 electric circuit equipment
	773 electrical for distributingelectricity
	775 domestic equipment
	776 valves/transistors etc.
	778 electrical equipment n. e. s.
	813 lighting fixtures etc.
电子及通信设备制造业	752 computer equipment
	761 television receivers
	762 radio broadcast receiver
	763 sound/TV recorders etc.
	764 telecommunications equipment n. e. s.
仪器仪表及文化办公用机械制造业	751 office machines
	759 office equip parts/accessories
	871 optical instruments n. e. s.
	873 meters and counters n. e. s.
	874 measure/control app n. e. s.
	884 optical goods n. e. s.
	885 watches and clocks

附录二 访谈提纲

尊敬的先生/女士：

您好！非常感谢您在百忙之中抽出时间接受本访谈！

本访谈是由浙江财经大学工商管理学院为进行一项学术研究而进行的一项调研活动，旨在考察在制造业全球化进程中，我国企业通过与跨国公司建立网络联结实现升级的情况。您的回答对我的研究结论非常重要。本访谈的内容不会涉及贵公司的商业机密问题，所获信息也不会用于任何商业目的，请您放心并客观作答。

非常感谢您的合作！

一、请简要介绍一下贵公司概况

1. 贵公司成立于何时？主营业务是什么？

2. 贵公司的员工总数是多少？近两年的销售额和资产状况如何？

3. 贵公司的工艺流程、技术发展、新产品开发和品牌影响在业内处于什么水平？目前获取利润主要依靠哪一环节（可从研发投入、生产工艺相对同行的优势、销售渠道等方面考虑）？

二、请简要介绍贵公司国外合作的发展历程

1. 请介绍贵公司所在行业的全球网络状况（如主要的供应商、合作者、竞争同行和客户有哪些以及他们在全球的分布状况）。请详细说明贵公司是如何嵌入到全球网络中去的（即贵公司与网络中的相关合作企业之间存在怎样的联系，发展这些联系的目的）？

2. 贵公司从何时开始开展国际合作？您认为国外公司与贵公司建立合作关系，看重贵公司的哪些资源。如果在不同合作关系中有不同，请举例说明。

3. 贵公司在全球网络中在企业资源方面所具有的优势是什么？

4. 贵公司的相关合作企业之间的联系是怎样的？贵公司在整个网络联结中处于怎样的位置，请分别说明。简要说明这样的位置对贵公司的发展存在怎

样的影响。这些相关企业之间是否存在联系，对贵公司又产生了哪些影响？

5. 贵公司与国内外相关企业进行了哪些方面的合作（可从业务、技术、资源等方面做出回答）？具体的合作方式、过程是怎样的，请分别举例说明。

6. 贵公司与国内外相关企业的关系在这些年经历了怎样的变化，请详细说明这些变化是如何发生的。

7. 请介绍国内、外公司在贵公司发展中所产生的影响。您认为与哪家公司的合作对公司而言是一个重要的转折点，为什么？

三、请您谈谈贵公司的主要国际合作获取外部资源及企业升级的情况

1. 如果把企业升级定义为企业提升竞争能力，提高产品和服务附加值的过程，那么贵公司显著的升级过程有哪些（如生产工艺、品牌影响力）？

2. 促进上述升级过程实现的因素有哪些（从资源和能力角度，如技术、产品信息、市场信息、供应商信息、资源整合运用能力）？

3. 上述升级过程的影响因素中，哪些是企业从外部获得的有利因素？请详细说明其获得过程是怎样的？

4. 有哪些因素会影响与国外合作中获取有利于贵公司升级的因素？请举例说明（如合作方式、企业自身的能力）。

附录三 "全球生产网络下本土企业升级研究"调查问卷

尊敬的先生/女士:

您好!非常感谢您在百忙之中抽出时间参与本项问卷调查!

本问卷是由浙江财经学院工商管理学院进行的一项学术研究,旨在考察在制造业全球化进程中,本土企业通过与国外公司建立网络联结实现升级的情况。答案没有对与错,若有某个问题未能完全表达您的意见时,请选择最接近您的看法的答案。您的回答对我们的研究结论非常重要。本问卷的内容不会涉及贵公司的商业机密问题,所获信息也不会用于任何商业目的,请您放心并客观的填写。

非常感谢您的合作!

浙江财经学院工商管理学院

一、公司及个人背景资料

A1 您的姓名:_____ A2 现任职位:_____

A3 贵公司名称:_____ A4 您在贵公司工作年限:_____年

A5 贵公司设立年份:_____ A6 贵公司员工总人数为:_____人

A7 贵公司近两年平均销售总额约为:_____(人民币,单位:万元)

A8 贵公司国际合作年限为:

□3 年以下 □4~6 年 □7~10 年 □10 年以上

A9 贵公司所有制性质:

□国有 □集体 □民营 □三资 □其他

A10 贵公司主导业务所在行业领域:( )

(1)食品制造业

(2)纺织业及纺织服装、鞋、帽制造业

（3）皮革、毛皮、羽毛（绒）及其制品业

（4）文教体育用品制造业

（5）化学原料及化学制品制造业

（6）医药制造业

（7）化学纤维制造业

（8）塑料制品业

（9）非金属矿物制品业

（10）金属制品业

（11）通用设备制造业

（12）专用设备制造行业

（13）交通运输设备制造业

（14）电气机械及器材制造业

（15）通信设备、计算机及其他电子设备制造业

（16）仪器仪表及文化办公用机械制造业

（17）工艺品及其他制造业

二、企业升级情况

（1）与 3 年前相比，本公司对生产工艺进行创新和改进的速度：

□非常慢　　　□比较慢　　　□大致相当　　　□比较快　　　□非常快

（2）与主要竞争对手相比，本公司成功推出新产品的种类和速度：

□非常少　　　□比较少　　　□大致相当　　　□比较多　　　□非常多

（3）与主要竞争对手相比，本公司成功推出新产品的速度：

□非常慢　　　□比较慢　　　□大致相当　　　□比较快　　　□非常快

（4）与主要竞争对手相比，本公司的品牌知名度：

□非常低　　　□比较低　　　□大致相当　　　□比较高　　　□非常高

（5）与 3 年前相比，本公司目前自主创新能力提升程度：

□非常低　　　□比较低　　　□大致相当　　　□比较高　　　□非常高

（6）与 3 年前相比，本公司目前技术可拓展性（指企业利用现有技术，进一步研究开发、拓展和延伸新的技术，从而开发新产品或提高现有产品的性能）提升程度：

□非常低　　　□比较低　　　□大致相当　　　□比较高　　　□非常高

三、企业内部资源情况

以下题项中 1~7 的分值表示从少向多依次渐进，请在相应的框内打√（1 表示非常低，4 表示基本相等，7 表示非常高）	低—高						
	1	2	3	4	5	6	7
D11 固定资产规模是竞争对手在较长时间内难以模仿或替代的							
D12 技术装备水平是竞争对手在较长时间内难以模仿或替代的							
D13 拥有的某些关键知识产权（如专利、商标等）是竞争对手在较长时间内难以模仿或替代的							
D14 拥有某些关键贸易秘密是竞争对手在较长时间内难以模仿或替代的							
D15 企业员工具有竞争对手在较长时间内难以达到的专业技能							
D16 企业拥有竞争对手在较长时间内难以学会的技术诀窍							
D31 企业员工具有很强的质量意识							
D32 企业员工具有很强的服务意识							
D33 企业员工具有很强的变革意识							
D34 企业员工具有很强的学习意识							

四、与国外业务伙伴建立网络联结情况

请评估在近三年时间里，公司建立的国外网络联结情况：

以下题项中 1~7 的分值表示从不同意向同意依次渐进，请在相应的框内打√（1 表示非常不同意，4 表示中立，7 表示非常同意）	不同意—同意						
	1	2	3	4	5	6	7
C11 与国外业务伙伴合作进行产品的研究开发							
C12 与国外业务伙伴合作进行技术标准的研究开发							
C13 与国外业务伙伴合作完成产品的生产制造环节							
C14 国外业务伙伴为本企业提供技术培训							
C15 国外业务伙伴为本企业提供技术咨询							
C21 与国外供应商签订长期合作协议							
C22 与国外客户签订长期供货协议							
C31 与国外业务伙伴进行营销合作，如利用国外品牌资源							
C32 利用国外业务伙伴的销售渠道和营销网络							
C33 获得国外业务伙伴的特许经营权							

参 考 文 献

[1] Andersson U. , Forsgren M. , Holm U. The strategic Impact of External Networks: Subsidiary Performance and Competence Development in the Multinational Corporation [J]. Strategic Management Journal, 2002 (23).

[2] Amit R. , Schoemaker P. Strategic Assets and Organizational Rent [J]. Strategic Management Journal, 1993 (4).

[3] Alessia Amighini. China in the international fragmentation of production: Evidence from the ICT industry [J]. The European Journal of Comparative Economics, 2005 (2).

[4] Ahuja G. The Duality of Collaboration: Inducements and Opportunities in the Formation of Interfirm Linkages [J]. Strategic Management Journal, 2000 (21).

[5] Ahuja G. Collaboration Networks, Structural Holes, and Innovation: a Longitudinal Study [J]. AdministrativeScience Quarterly, 2000 (45).

[6] Alfred D. Chandler. Organizational Capabilities and the Economic History of the Industrial Enterprise [J]. Journal of Economic Perspectives, 1992 (6).

[7] Amighini A. China in the International Fragmentation of Production: Evidence from the ICT Industry [J]. The European Journal of Comparative Economics, 2005 (2).

[8] Barden, Jeffrey, Will Mitchell. Disentangling the Influences of Leaders' Relational Embeddendness on Interorganizaional Exchange [J]. Academy of Management Journal, 2007, 50 (6).

[9] Barney J. B. Firm Resources and Sustained Competitive Advantage [J]. Journal of Management, 1991, 17 (1).

[10] Barney J. B. Strategic factor markets: Expectations, Luck, and Businessstrategy [J]. Management Science, 1986 (42).

[11] Baum J. A. C. , Singh J. V. Organization-environment Coevolution [C]. In Evolutionary Dynamics of Organizations, Baum J. A. C. , Singh J. V. (eds.). Oxford University Press: Oxford, 1994.

[12] Borgatti S. P. , Pacey C. F. The Network Paradigm in Organizational Research: A Review and Typology [J]. Journal of Management, 2003, 29 (6).

[13] Brass D. J. , Galaskiewicz J. , Greve H. R. et al. Taking Stock of Networks and Organizations: A Multilevel Perspective [J]. Academy of Management Journal, 2004, 47 (6).

[14] Burt R. S. Structural Holes: The Social Structure of Competition [M]. Harvard University Press: Cambridge, MA. 1992.

[15] Burt R. S. Structural Holes and Good Ideas [J]. American Journal of Sociology, 2004, 110 (2).

[16] Buckley P. J. , Carter M. J. Managing cross-border complementary knowledge [J]. International Studies of Management & Organization, 1999, 29 (1).

[17] Coe D. T. , Helpman E. , Hoffmaister A. W. North-south R&D spillovers [J]. The Economic Journal, 1997 (440).

[18] Capaldo A. Network Structure and Innovation: The Leveraging of A Dual Network as A Distinctive Relational Capability [J]. Strategic Management Journal, 2007, 28 (6).

[19] Chung S. , H. Singh, K. Lee. Complementarity, Status Similarity, and Social Capital as Drivers of Alliance Formation, Strategic Management Journal, 2000 (21).

[20] Deardorff A. V. Fragmentation in Simple Trade Models [R]. Research Seminar in International Economics. University of Michigan, 1998.

[21] Dyer J. H. , Nobeoka K. Creating and Managinga High-performance Knowledge-sharing Network: the Toyota Case [J]. Strategic Management Journal, MarchSpecial Issue, 2000 (21).

[22] Dyer J. , Singh H. The relational View: Cooperative Strategy and Sources of Interorganisational Competitive Advantage [J]. Academy of Management Review, 1998, 23 (4).

[23] Dierickx I. Coolk. Asset Stock Accumulation and Sustainability of Competitive advantage [J]. Management Science, 1989 (35).

［24］ Deardorff A. V. Fragmentation in Simple Trade Models ［R］. Research Seminar in International Economics. University of Michigan, 1998.

［25］ Ernst, Dieter, Kim, Linsu. Global Production Networks, Knowledge Diffusion, and Local Capability Formation ［J］. Research Policy, 2002, 31 （8 – 9）.

［26］ Easton G. , Araujo L. Market Exchange, Social Structures and Time. European Journal of Marketing, 1994, 28 （3）.

［27］ Eaton J. , S. Kortum. Engines of Growth: Domestic and Foreign Sources of innovation ［J］. Japan and the World Economy, 1997 （9）.

［28］ Feenstra R. C. Integration of Trade and Disintegration of Production in the Global Economy ［J］. Journal of Economic Perspective, 1998, 12 （4）.

［29］ Feenstra R. C. , Hanson G. H. Productivity Measurement and the Impact of Trade and Technology on Wages: Estimates for the United States, 1979 – 1990 ［J］. Quarterly Journal of Economics, 1999, 114 （4）.

［30］ Feenstra R. C. , Hanson G. H. Globalization, outsourcing, andwage inequality. American Economic Review, 1996, 86 （2）.

［31］ Grossman G. M. , Helpman E. Trade, Knowledge Spillovers, and Growth ［J］. NEBR Working Paper, 1991.

［32］ Grossman G. M. , Helpman E. Managerial Incentives and International Organization of Production ［J］. Journal of International Economics, 2004 （63）.

［33］ Granovetter M. The Strength of Weak Ties: A Network Theory Revisited ［C］. In Social Structure and Network Analysis, Marsden P. V. , Lin N. （eds）. Sage: Beverly Hills, CA 1982.

［34］ Granovetter M. S. The Strength of Weak Ties ［J］. The American Journal of Sociology, 1973, 78 （6）.

［35］ Galaskiewicz J. , Zaheer A. Networks of Competitive Advantage. In Andress S. , Knoke D. （Eds） ［M］. Research in the Sociology of Organization, Greenwich, CT: JAI Press, 1999.

［36］ Grant R. The Resource-based Theory of Competitive Advantage: Implication for Strategy Formulation ［J］. California Management Review, 1991, 33 （3）.

［37］ Gereffi G. International Trade and Industrial Upgrading in the Apparel Commodity Chain ［J］. Journal of International Economics, 1999 （48）.

［38］ Gereffi G. , Humphrey J. , Sturgeon T. The Governance of Global Value

Chains [J]. Review of International Management, 2005 12 (1).

[39] Gulati R. Network Location and Learning: The Influence of Network Resources and Firm Capabilities on Alliance Formation [J]. Strategic Management Journal, 1999 (20).

[40] Gulati R. , Nohria N. , Zaheer A. Strategic networks [J]. Strategic Management Journal, 2000, 21: 203 – 215.

[41] Goh A. T. Knowledge Diffusion, Supplier's Technological Effort and Technology Transfer via Vertical Relationships [J]. CEPR Discussion Paper, 2004 (44).

[42] Helpman E. A Simple Theory of International Trade with Multinational Corporations [J]. Journal of Political Economy, 1993 (2).

[43] Hummels D. , Ishii J. , Kei-Mu Yi. The Nature and Growth Of Vertical Specialization in World Trade [J]. Joumal of International Economics, 2001 (54).

[44] Humphrey J. , Schmitz H. How Does Insertion in Global Value Chains Affect Upgrading in Industrial Cluster? [J]. Regional Studies, 2002, 36 (9).

[45] Humphrey J. , H. Schmitz. Developing Country Firms in the Global Economy: Governance and Upgrading in Global Value Chains [R]. Duisburg: INEF-Report Nr. 61. 2002.

[46] Hagedoorn J. Understanding the Cross-level Embeddedness of Interfirm Partnership Formation [J]. Academy of Management Review, 2006, 31 (3).

[47] Hansen M. T. The Search-transfer Problem: The Role of Weak Ties in Sharing Knowledgeacross Organization Subunits [J]. Administrative Science Quarterly, 1999, 44 (1).

[48] Inkpen A. C. , Tsang E. W. K. Social Capital, Networks, and Knowledge Transfer [J]. Academy of Management Review, 2005, 30 (1).

[49] Jabbour L. , Mucchielli J. L. Technology Spillovers through Backward Linkages: The Case of the Spanish Manufacturing Industry [J] . Cahiers de la MSE, 2004 (73).

[50] Keller W. , Yeaple S. Multinational Enterprises, International Trade, and Productivity Growth: Firm-Level Evidence from the United States [J]. GEP Research Paper. 2003, No. F1, F2, O3.

[51] Kogut B. The Network as Knowledge: Generative Rules and the Emergence of Structure [J] . Strategic Management Journal, 2000 (21).

［52］Kogut B. , Zander U. Knowledge of the Firm, Combinative Capabilities, and the Replication of Technology ［J］. Organizational Science, 1992 (3).

［53］Kim J. W. , Lee H. K. Embodied and Disembodied International Spillovers of R&D in OECD Manufacturing Industries ［J］. Technovation, 2003 (24).

［54］Kale P. , Singh H. , Perlmutter H. Learning as Protection of Proprietary Assets in Strategic Alliances: Building Relational Capital ［J］. Strategic ManagementJournal, March Special Issue, 2000 (21).

［55］Lee K. , Lim C. Technological regimes, catching-up and leapfrogging: findings from the Korean industries ［J］. Research Policy, 2001 (30).

［56］Lee K. , Malerba F. Changes in Industry Leadership and Catch-up by the Latecomers: Toward a theory of catch-up cycles ［R］. Working Paper, 2014.

［57］Lee K. , C. Lim, W. Song. Emerging digital technology as a window of opportunity and technological leapfrogging: catch-up in digital TV by the Korean firms ［J］. International Journal of Technology Management, 2005 (29).

［58］Lee J. R. , Chen J. S. Dynamics Synergy Creation with Multiple Business Activities: Toward a Competence-based Growth Model for Contract Manufactures ［C］. In Sanchez R. and Heene A. "Theory Development of Competence-based Management: Advances in Applied Business Strategy", Stanford, CT: JIA Press, 2000.

［59］Larson A. Network Dyads in Entrepreneurial Settings: A Study of the Governance of Exchange Relationships ［J］. Adm. Sci. Q. 1992, 37 (1).

［60］Levin D. Z. , Cross R. The Strength of Weak Ties You Can Trustthe Mediating Role of Trust Ineffective Knowledge Transfer ［J］. Management Science, 2004, 50 (11).

［61］Lall S. The technological structure and performance of developing country manufactured exports, 1985 – 1998 ［J］. Oxford Developments Studies, 2000 (3).

［62］McEvily B. , Zaheer A. Bridging Ties: ASource of Firm Heterogeneity in Competitive Capabilities ［J］. Strategic Management Journal, 1999, 20 (12).

［63］McDermott G. A. , Corredoira R. A Network Composition, Collaborative Ties, and Upgrading in Emerging-market Firms: Lessonsfrom the Argentine Autoparts Sector ［J］. Journal of International Business Studies, 2010, 41 (2).

［64］Meyer H. , Utterback J. Core Competences, Procuct Faimlies and Stustained

Business Success [R]. Working PaPer. Sloan School of Management, 1992.

[65] Miller D. , Shamsie J. The Resource-based View of the Firm in Two Environments: The Hollywood Film Studios from1936 – 1965 [J]. Academy of ManagementJournal, 1996 (39).

[66] Mathews J. A. Competitive Advantages of the Latecomer Firm: A Resource-Based Account of Industrial Catch-Up Strategies [J]. Asia Pacific Journal of Management. 2002, 19 (4).

[67] Nelson R. , Winter S. An Evolutionary Theory of Economic Change [M]. Harvard University Press, 1982.

[68] Peng X. M. , Wu D. Tie Diversity, Ambidexterity and Upgrading of the Latecomer Firm in Global Production Networks [J]. Chinese Management Studies, 2013, 7 (2).

[69] Penrose E. T. The Theory of the Growth of the Firm [M]. New York: Oxford University Press, 1959.

[70] Prahald C. K. , Hamel G. The Core Competence of the Corporation [J]. Harvard Business Review, 1990, May-June.

[71] Rogers E. M. Diffusion of Innovations (4th edn) [M]. Free Press: New York. 1995.

[72] Rowley T. , Behrens D. , Krackhardt D. Redundant Governance Structures: an Analysis of Structural and Relational Embeddedness in the Steel and Semicon-ductor Industries [J]. Strategic Management Journal, 2000, 21 (3).

[73] Regans R. , Zuekerman E. Networks, Diversity, and Productivity: the Social Capital of Corporate R&D Groups [J]. Organization Science, 2001, 12 (4).

[74] Sturgeon T. , Lester R. Upgrading East Asian Industries: New Challenges for Local Suppliers [R]. Paper Prepared for the World Bank's Project on the East Asia's Economic Future, Industrial Performance Center, Working Paper, 2002.

[75] Schmitz H. Local Upgrading in Global Chains: Recent Findings [R]. Paper to be Presented at the DRUID Summer Conference, 2004.

[76] Teece, David, Gary Pisano, Amy Shuen. Dynamic Capabilities and Strategic Management [J]. Strategic Management Journal, 1997 (7).

[77] Rogers E. Diffusion of Innovations [M]. Fifth edition. Free Press: New

York. 2003.

[78] Rowley T. , Behrens D. , Krackhardt D. Redundant governance struc-tures: An analysis of structural and relational embeddedness in the steel and semi-con-ductor industries [J]. Strategic Management Journal, 2000, 21 (3).

[79] Rangone A. A Resource-based Approach to Strategy Analysis in Small-medium Sized Enterprise [J]. Small Business Economics, 1999 (12).

[80] Sturgeon, Timothy. Modular Production Networks. A New American Model of Industrial Organization [J] . Industrial and Corporate Change, 2002, 11 (3).

[81] Uzzi B. Social Structure and Competition in Interfirm Networks: the Par-adox of Embeddedness [J]. Administrative Science Quarterly, 1997 (42).

[82] Uzzi B. , Lancaster R. Relational Embeddedness and Learning: The Case of Bank Loan Managers and Their Clients [J]. Management Science, 2003, 49 (4).

[83] Verona G. A Resource-based View of Product Development [J]. The Academy of Management Review, 1999, 24 (1) .

[84] Vincent L. H. Marketing Strategy Formulation in the Commercialization of New Technologies [D]. Doctoral dissertation of Georgia Institute of Technology, 2005.

[85] Valentin E. K. SWOT Analysis from a Resource Based View [J]. Jour-nal of Marketing Theory and Practice, 2001 (2).

[86] Washington M. , Zajac E. J. Status Evolution and Competition: Theory and Evidence [J]. Academy of Management Journal, 2005, 48 (6).

[87] Wernerfelt B. A Resource-based View of the Firm [J]. Journal of Strate-gic Management, 1984, 5 (2).

[88] Yeoh P. , Roth K. An Empirical Analysis of Sustained Advantage in the US Pharmaceutical Industry: Impact of Firm Resources and Capabilities [J]. Stra-tegic Management Journal, 1999 (20).

[89] Yin R. Case Study Research: Design and Methods [M]. Thousands Oaks: Sage Publications. 2003.

[90] Yang H. B. , Lin Z. J. , Lin Y. L. AMultilevel Framework of Firm Boundaries: Firm Characteristics, Dyadic Differences, and Network Attributes [J]. Strategic Management Journal. 2010 (31).

[91] Zaheer A., Bell G. Benefiting from Network Position: Firm Capabili-ties, Structural Holes, and Performance [J]. Strategic Management Journal, 2005, 26 (9).

[92] 戴维·贝赞可等. 公司战略经济学 [M]. 北京：北京大学出版社，1999.

[93] 卡丽斯·鲍德温，金·卡拉卡. 设计及规则：模块化的力量 [M]. 北京：中信出版社，2006.

[94] 卜国琴. 全球生产网络与中国产业升级研究 [M]. 广州：暨南大学出版社，2009.

[95] 北京大学中国经济研究中心课题组. 中国出口贸易中的垂直专门化与中美贸易 [J]. 世界经济，2006 (5).

[96] 陈立敏，谭力文. 评价中国制造业国际竞争力的实证方法研究 [J]. 中国工业经济，2004 (5).

[97] 陈涛涛，范明曦，马文祥. 对影响我国外商直接投资行业内溢出效应的因素的经验研究 [J]. 金融研究，2003 (5).

[98] 陈琳琳. 垂直专业化对中国本土企业技术进步的影响研究 [D]. 浙江财经大学，2011.

[99] 戴翔，张雨. 开放条件下我国本土企业升级能力的影响因素研究 [J]. 经济学（季刊），2013，12 (4).

[100] 葛顺奇. 跨国公司技术战略与发展中国家技术模式选择 [M]. 北京：中国经济出版社，2001.

[101] 胡昭玲，赵媛. 产品内国际分工对中国制造业技术进步的影响 [J]. 世界经济研究，2008 (11).

[102] 胡昭玲. 产品内国际分工对中国工业生产率的影响分析 [J]. 中国工业经济，2007 (6).

[103] 胡军，陶峰，陈建林. 珠三角 OEM 企业持续成长的路径选择——基于全球价值链外包体系的影响 [J]. 中国工业经济，2005 (8).

[104] 韩德昌，王亚江. 基于资源战略观的营销资源层级模型研究 [J]. 南开学报，2009 (2).

[105] 黄先海，韦畅. 中国制造业出口垂直专业化程度的测度与分析 [J]. 管理世界，2007 (4).

[106] 黄水灵，邵同尧. 我国汽车企业全球价值链的低环嵌入与链节提

升——基于吉利集团构建全球价值探讨 [J]. 汽车与配件, 2011 (4).

[107] 黄永明, 何伟, 聂鸣: 全球价值链视角下中国纺织服装企业的升级路径选择 [J]. 中国工业经济, 2006 (5).

[108] 黄凌云, 范艳霞, 刘夏明: 基于东道国技术吸收能力的 FDI 溢出效应 [J]. 中国工软科学, 2007 (3).

[109] 江诗松, 龚丽敏, 魏江. 转型经济背景下后发企业的能力追赶: 一个共演模型——以吉利集团为例 [J]. 管理世界, 2011 (4).

[110] 康灿华, 冯伟文. 中国汽车产业竞争力评价指标体系研究 [J]. 武汉理工大学学报, 2008 (3).

[111] 金碚. 中国工业国际竞争力理论方法与实证研究 [M]. 北京: 经济管理出版社, 1997.

[112] 李海舰, 聂辉华. 全球化时代的企业运营——从脑体合一走向脑体分离 [J]. 中国工业经济, 2002 (2).

[113] 赖磊. 全球价值链治理、知识转移与代工企业升级——以珠三角地区为例 [J]. 国际经贸探索, 2012, 28 (4).

[114] 赖明勇, 包群, 阳小晓. 我国外商直接投资吸收能力研究 [J]. 南开经济研究, 2002 (3).

[115] 赖明勇, 包群, 彭水军, 张新. 外商直接投资与技术外溢: 基于吸收能力的研究 [J]. 经济研究, 2005 (8).

[116] 李放, 刘杨. 面向全球价值网络的中国先进制造模式动态演进与实证研究 [J]. 北京交通大学学报, 2011 (1).

[117] 李小平, 朱钟棣. 国际贸易的技术溢出门槛效应——基于中国各地区面板数据的分析 [J]. 统计研究, 2004 (10).

[118] 李小平, 朱钟棣. 中国工业行业全要素生产率的测算 [J]. 管理世界, 2005 (4).

[119] 罗辉道, 项保华. 资源概念与分类研究 [J]. 科研管理, 2005 (7).

[120] 兰宏, 聂鸣. 领导型治理模式 GVC 下的学习障碍及突破路径 [J]. 科学学与科学技术管理, 2013, 34 (9).

[121] 赖红波, 丁伟, 程建新. 网络关系升级对企业升级行为与企业绩效的影响研究 [J]. 科研管理, 2013, 34 (11).

[122] 吕一博, 程露, 苏敬勤. "资源导向" 的企业网络行为: 一个社会

网络视角的分析框架 [J]. 管理学报, 2013 (1).

[123] 刘立, 庄妍. 电信设备制造商全球价值链升级路径分析——以华为技术有限公司为例 [J]. 南京邮电大学学报, 2013 (3).

[124] 刘德学, 付丹, 卜国勤. 全球生产网络、知识扩散与加工贸易升级 [J]. 经济问题探索, 2005 (12).

[125] 刘林青, 等. 比较优势、FDI 和民族产业国际竞争力 [J]. 中国工业经济, 2009 (8).

[126] 卢峰. 产品内分工 [J]. 经济学 (季刊), 2004, 4 (1).

[127] 刘志彪, 张杰. 全球代工体系下发展中国家俘获型网络形成、突破与对策 [J]. 中国工业经济, 2007 (5).

[128] 刘志彪, 刘晓昶. 垂直专业化: 经济全球化中的贸易和生产模式 [J]. 经济理论与经济管理, 2001 (10).

[129] 刘兰剑. 网络嵌入性: 基本研究问题与框架 [J]. 科技进步与对策, 2010 (13).

[130] 刘宏程, 仝允恒. 产业创新网络与企业创新路径的共同演化研究: 中外 PC 厂商的比较 [J]. 科学学与科学技术管理, 2010 (2).

[131] 刘建丽. FDI 技术溢出与自主创新导向的外资政策 [J]. 经济管理, 2010 (33).

[132] 刘红燕. 华为公司国际化路径与模式分析 [J]. 改革与战略, 2014 (7).

[133] 蒙丹. 能力二重性与全球价值链上的企业升级 [J]. 中国经济问题, 2011 (4).

[134] 毛蕴诗, 郑奇志. 基于微笑曲线的企业升级路径选择模型 [J]. 中山大学学报, 2012 (3).

[135] 毛蕴诗, 温思雅. 基于产品功能拓展的企业升级研究 [J]. 学术研究, 2012 (5).

[136] 毛蕴诗, 姜岳新, 莫伟杰. 制度环境、企业能力与 OEM 企业升级战略 [J]. 管理世界, 2009 (6).

[137] 毛蕴诗, 吴瑶. 企业升级路径与分析模式研究 [J]. 中山大学学报, 2009 (1).

[138] 孟亮, 宣国良, 王洪庆. 国外 FDI 技术溢出效应实证研究 [J]. 外国经济与管理, 2004 (6).

[139] 孟祺. 垂直专业化对内资企业有技术溢出效应吗？ [J]. 科研管理, 2010, 31 (4).

[140] 彭新敏, 吴晓波, 吴东. 基于二次创新动态过程的企业网络与组织学习平衡模式演化——海天 1971~2010 年纵向案例研究 [J]. 管理世界, 2011 (4).

[141] 钱锡红, 杨永福, 徐万里. 企业网络位置吸收能力与创新绩效——一个交互效应模型 [J]. 管理世界, 2010 (5).

[142] 盛斌, 马涛. 中国工业部门垂直专业化与国内技术含量的关系研究 [J]. 世界经济研究, 2008 (8).

[143] 索玉龙, 邵红波. 企业国际化商业模式及其规律与启示 [J]. 现代国企研究, 2014 (10).

[144] 石芝玲. 基于技术能力和网络能力协同的企业开放式创新研究 [D]. 天津大学, 2010.

[145] 苏敬勤, 王鹤春. 企业资源分类框架的讨论与界定 [J]. 科学学与科学技术管理, 2010 (2).

[146] 宋耘, 姚凤, 唐秋粮. 网络能力对企业产品升级影响的实证研究 [J]. 学术研究, 2013 (9).

[147] 唐春晖, 唐要家. 资源、网络与本土企业升级的协同演化机制 [J]. 经济管理, 2012 (10).

[148] 唐春晖. 全球生产网络背景下本土制造企业升级机制及战略选择 [J]. 工业技术经济, 2013 (10).

[149] 唐春晖. 全球制造网络与本土汽车制造业国际竞争力提升 [J]. 经济管理, 2010 (11).

[150] 唐春晖. 产业技术模式下的产品出口竞争力与升级政策研究 [J]. 经济与管理研究, 2009 (12).

[151] 唐春晖. 产品架构、全球价值链与本土企业升级路径 [J]. 工业技术经济, 2010 (2).

[152] 唐春晖. 技术模式与中国产业技术追赶 [J]. 中国软科学, 2006 (4).

[153] 唐春晖, 陈琳琳. 垂直专业化对本土企业技术进步的影响效应分析 [J]. 国有经济评价, 2012 (3).

[154] 唐春晖. 内部资源、全球网络联结与本土企业升级 [J]. 财经论

丛，2015（3）.

[155] 唐春晖，曾龙风. 资源、网络关系嵌入性与中国本土制造企业升级案例研究 [J]. 管理案例研究与评论，2014（12）.

[156] 徐康宁，陈健. 国际生产网络与新国际分工 [J]. 国际经济评论，2007（3）.

[157] 徐毅，张二震. 外包与生产率：基于工业行业数据的经验研究 [J]. 经济研究，2008（1）.

[158] 徐宁，皮建才，刘志彪. 全球价值链还是国内价值链——中国代工企业的链条选择机制研究 [J]. 经济理论与经济管理，2014（1）.

[159] 王永贵，卢兴普. 对联盟网络的重新审视——基于资源与能力的观点 [J]. 上海财经大学学报，2002（2）.

[160] 文东伟，冼国明. 垂直专业化与中国制造业贸易竞争力 [J]. 中国工业经济，2009（6）.

[161] 王志玮：企业外部知识网络嵌入性对破坏性创新绩效的影响机制研究 [D]. 浙江大学，2010.

[162] 杨倩，刘益，王强. 组织文化、战略类型与企业间竞争合作程度的关系研究 [J]. 科学学与科学技术管理，2009（3）.

[163] 杨桂菊. 本土代工企业转型升级：演进路径的理论模型 [J]. 管理世界，2010（6）.

[164] 杨桂菊，刘善海. 从 OEM 到 OBM：战略创业视角的代工企业转型升级基于比亚迪的探索性案例研究 [J]. 科学学研究，2013（2）.

[165] 文东伟，冼国明. 垂直专业化与中国制造业贸易竞争力 [J]. 中国工业经济，2009（6）.

[166] 王今. 我国汽车产业国际竞争力评价研究 [J]. 汽车工业研究，2005（2）.

[167] 王建秀，林汉川，王玉燕. 企业转型升级文献主题分析——基于英文文献的探讨 [J]. 经济问题探索，2013（12）.

[168] 王家宝，陈继祥. 关系嵌入构型、学习能力与服务创新绩效：基于交互效应的理论分析 [J]. 现代管理科学，2010（9）.

[169] 王凤彬，杨阳. 构建两栖型跨国企业的 FDI 模式——以联想集团国际化为例 [J]. 财贸经济，2010（9）.

[170] 俞荣建，吕建新. 由 GVC 到 GVG："浙商"企业全球价值体系自

主构建研究 [J]. 中国工业经济, 2008 (4).

[171] 姚洋. 非国有经济成分对我国工业企业技术效率的影响 [J]. 经济研究, 1998 (12).

[172] 姚洋, 章林峰. 中国本土企业出口竞争优势和技术变迁分析 [J]. 世界经济, 2008 (3).

[173] 周江华, 仝允桓, 李纪珍. 基于金字塔底层 (Bop) 市场的破坏性创新——针对山寨手机行业的案例研究 [J]. 管理世界, 2012 (2).

[174] 许冠南. 关系嵌入性对技术创新绩效的影响研究 [D]. 浙江大学, 2008.

[175] 许小虎, 项保华. 企业网络理论发展脉络与研究内容综述 [J]. 科研管理, 2006 (27).

[176] 许冠南, 周源, 刘雪锋. 关系嵌入性对技术创新绩效作用机制案例研究 [J]. 科学学研究, 2011, 29 (11).

[177] 张小蒂, 孙景蔚. 基于垂直专业分工的中国产业国际竞争力分析 [J]. 世界经济, 2006 (5).

[178] 张巍, 党兴华. 组织学习能力与嵌入能力耦合关系研究 [J]. 科技管理研究, 2012 (20).

[179] 张辉. 全球价值链理论与中国产业发展研究 [J]. 中国工业经济, 2004 (5).

[180] 赵昌文, 许召元. 国际金融危机以来中国企业转型升级的调查研究 [J]. 管理世界, 2013 (4).

[181] 张媛媛, 张捷. 中国沿海地区外向型企业转型升级的实证研究 [J]. 发展研究, 2013 (12).

[182] 张其仔. 开放条件下我国制造业的国际竞争力 [J]. 管理世界, 2003 (8).

[183] 张少军, 刘志彪. 全球价值链模式的产业转移 [J]. 中国工业经济, 2009 (11).

[184] 张纪. 产品内国际分工的技术扩散效应——基于中国 1980 – 2005 年时间序列数据的实证分析 [J]. 世界经济研究, 2008 (1).

[185] 甄峰, 赵彦云. 中国制造业产业国际竞争力: 2007 年国际比较研究 [J]. 中国软科学, 2008 (8).

[186] 郑海涛, 任若恩. 多边比较下的中国制造业国际竞争力研究:

1980－2004［J］.经济研究，2005（12）.

［187］中国人民大学"中国产业竞争力研究"课题组.中国30省市汽车制造业产业竞争力评价分析报告［J］.管理世界，2004（10）.

［188］曾龙风.基于资源视角的网络嵌入与本土企业升级［D］.浙江财经大学工商管理学院，2013.

后 记

本书是我主持的国家社科基金项目"全球生产网络中本土制造企业升级协同演化机制及战略研究"（12BGL006）的结题成果。

对这一课题的最初研究来自我主持的教育部人文社科基金项目"基于网络的企业升级机制及管理策略研究"（11YJC630192）。在课题研究过程中，我深感全球生产网络中我国制造企业升级的迫切性和重要性，对于全球生产网络背景下企业网络和企业升级的协同演化规律以及升级战略选择的研究，有助于解决"全球生产网络两难"的现实难题，并推动企业升级理论研究的深入。

我的硕士研究生陈琳琳参与了第二章第二节的实证研究工作，并协助完成该部分的文字内容；硕士研究生曾龙风参与了第三章的案例调查与分析工作，并协助完成部分文字内容，他们为本书的出版做出了贡献。课题结题鉴定的几位匿名评审专家给出了建设性的意见，在此一并感谢！

唐春晖

2016 年 11 月